浙江省机动车维修技术人员从业资格培训教材

摩托车维修
（模块 M）

浙江省机动车维修技术人员从业资格培训教材编写组　编
周　健　主编
应建明　程　晟　参编

人民交通出版社

内 容 提 要

本书为浙江省机动车维修技术人员从业资格培训教材。全书共分六章，主要内容包括：摩托车维修基础知识、摩托车发动机构造与检修、传动部分、操纵控制部分、行车部分、电气仪表系统。

本书可供机动车维修技术人员从业资格考试前复习参考使用。

图书在版编目（CIP）数据

摩托车维修：模块 M/周健主编. --北京：人民交通出版社，2013.4

浙江省机动车维修技术人员从业资格培训教材

ISBN 978-7-114-10432-9

Ⅰ.①摩… Ⅱ.①周… Ⅲ.①摩托车－车辆修理－技术培训－教材 Ⅳ.①U483.07

中国版本图书馆 CIP 数据核字（2013）第 041617 号

浙江省机动车维修技术人员从业资格培训教材

书　　名：摩托车维修（模块 M）

著 作 者：周　健

责任编辑：顾燏鲁　翁志新

出版发行：人民交通出版社

地　　址：（100011）北京市朝阳区安定门外外馆斜街 3 号

网　　址：http://www.ccpress.com.cn

销售电话：（010）59757973

总 经 销：人民交通出版社发行部

印　　刷：北京鑫正大印刷有限公司

开　　本：720×960　1/16

印　　张：5.5

字　　数：80 千

版　　次：2013 年 4 月　第 1 版

印　　次：2013 年 4 月　第 1 次印刷

书　　号：ISBN 978-7-114-10432-9

定　　价：13.00 元

前言 FOREWORD

交通部颁布实施的《道路运输从业人员管理规定》，规定了机动车维修技术负责人、质量检验人员及从事机修、电器、钣金、涂漆、车辆技术评估（含检测）作业的技术人员实行从业资格考试制度。从业资格考试是根据浙江省道路运输管理局印发的《浙江省机动车维修技术人员从业资格培训大纲》、《浙江省汽车维修企业价格结算员、业务接待员、汽车车身美容装潢工、轮胎修理工、摩托车维修工从业资格考试大纲》、考试题库、考核标准、考试工作规范和程序组织实施。

为配合浙江省机动车维修技术人员从业资格考试，做好相关的从业人员的培训工作，我们组织相关老师及长期从事技术管理的有关人员，编写了浙江省机动车维修技术人员从业资格培训教材。本套丛书共13册，分别为：《职业道德和法律法规（模块A）》、《技术质量管理（模块B）》、《维修检验技术（模块C）》、《发动机与底盘检修技术（模块D）》、《电器维修技术（模块E）》、《车身修复（模块F）》、《车身涂装（模块G）》、《车辆技术评估（模块H）》、《汽车维修价格结算（模块I）》、《汽车维修业务接待（模块J）》、《汽车美容与装饰（模块K）》、《汽车轮胎修理（模块L）》、《摩托车维修（模块M）》。

本教材是依据浙江省机动车维修服务的实际需要，配合浙江省维修企业管理部门的要求及从业人员在职学习的特点，按照理论与实践相结合的原则编写的。在注重加强机动车维修技术人员的理论学习与实际操作能力提升的同时，也适当加入了机动车维修发展的前沿技术等方面的知识。

本书由浙江交通技师学院的周健老师担任主编，应建明和程晟老师担任参编。

由于时间仓促和编写的水平有限，书中难免存在一定的疏漏和不足之处，敬请业内同行和使用者批评指正，以便教材再版时不断修改完善与提高。

浙江省机动车维修技术人员
从业资格培训教材编写组
2013年1月

目录

CONTENTS

第一章 摩托车维修基础知识

摩托车维修基础知识主要包括机械识图、机械基础、电工与电子技术基础;摩托车维修常用工具、常用量具和专用工具的正确使用;摩托车维修仪器、仪表的正确使用。

第一节 机械识图

一 三视图概念

在机械图样中,用正投影法画出的图形称为视图。常用的有三视图:由前向后投射,在正面上所得视图称为主视图;由上向下投射,在水平面上所得视图称为俯视图;由左向右投射,在侧面上所得视图称为左视图。如图 1-1 所示。

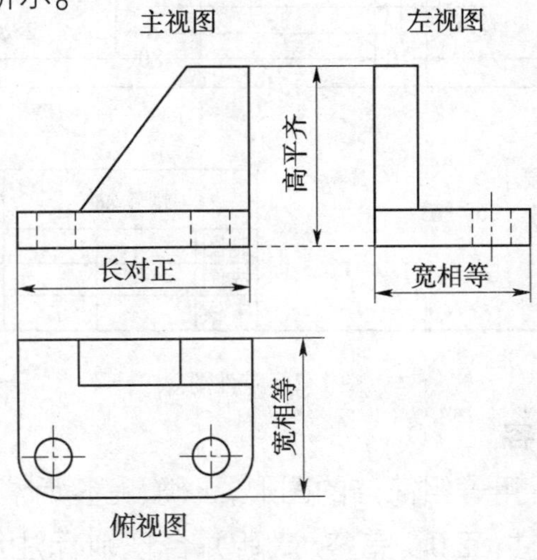

图 1-1 三视图

主、俯视图都反映零件的长度——长对正；

主、左视图都反映零件的高度——高平齐；

俯、左视图都反映零件的宽度——宽相等。

二 零件图的识读

零件图(图 1-2)是用来指导零件加工、检测和装配的技术文件，也是生产管理及进行技术交流的重要依据。

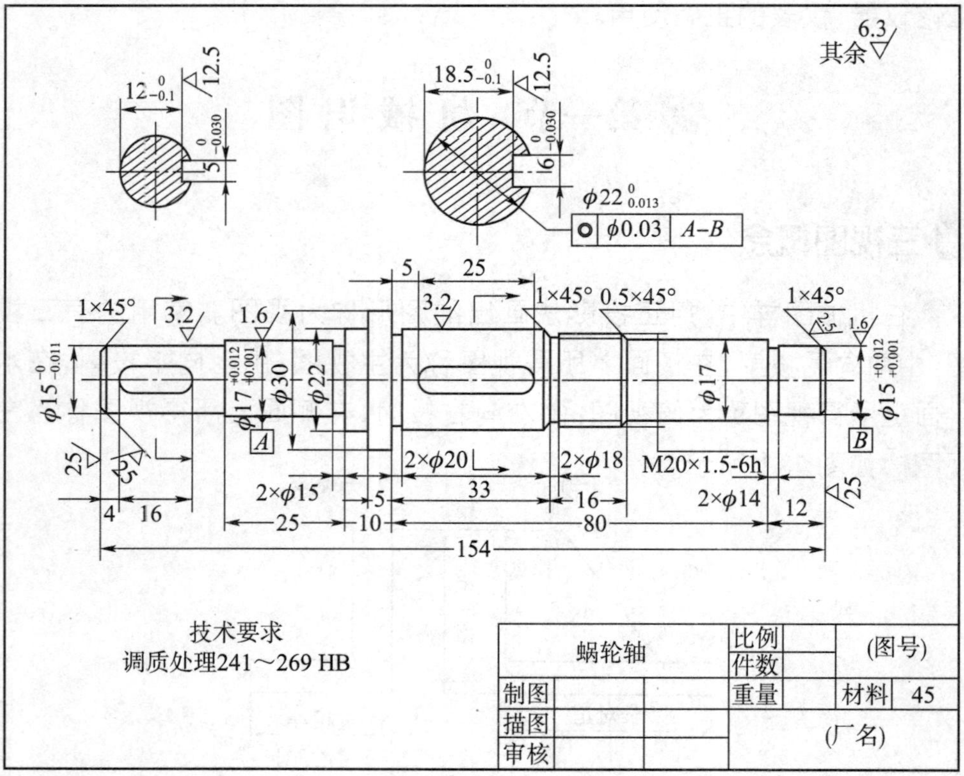

技术要求
调质处理241～269 HB

蜗轮轴			比例		(图号)	
			件数			
制图			重量		材料	45
描图			(厂名)			
审核						

图 1-2 零件图

1. 零件图的内容

(1)一组图形：用一组简洁的图形，正确、完整而清晰地表达零件。

(2)完整的尺寸：正确、完整、清晰并合理地标注尺寸，以便于零件的加工、检测和装配。

(3)技术要求:用规定的代号、符号或文字说明等,给出零件在制造、检测和装配时应达到的各项技术要求,如表面粗糙度、尺寸公差、形位公差和热处理等。

(4)标题栏:反映零件的名称、数量、材料、比例、图号以及制图、审核等人员的姓名和签发日期等。

2. 主视图的选择

主视图是表达零件结构和形状视图中最重要的视图,在选择主视图时,应从以下两个方面考虑。

(1)确定零件状态位置。零件状态位置有工作位置、加工位置和自然安放位置等,选择主视图时,应首先考虑满足工作位置的要求。

(2)确定主视图的投射方向。主视图投射方向的选择,应以"结构特征"为原则,即主视图应尽可能多地反映结构特征。

三 装配图的识读

表达机器或部件的图样称为装配图。装配图表达了机器或部件的工作原理及零件间的装配关系。在产品设计中,一般先画出装配图,然后根据装配图设计零件,画出零件图。在产品制造中,装配图是制定装配工艺规程,进行装配、检验和调试的依据。在使用和维修中,也要通过装配图了解机器的构造。总之,装配图是反映设计思想、进行装配加工、使用和维修机器以及进行技术交流的重要技术文件。

1. 装配图的内容

(1)一组视图:用以表达机器或部件的工作原理、结构形状以及零件间的装配、连接关系。

(2)必要的尺寸:用以表明机器或部件的性能、规格、外形及装配、检验和安装时所必要的尺寸。

(3)技术要求:用符号或文字说明机器或部件的性能、装配、检验、调试、安装和使用等方面的要求。

(4)标题栏:零件序号、明细栏和标题栏中填写机器或部件名称、比例、图号和有关责任者签名。

2. 识读装配图的基本要求

(1)了解机器或部件的性能、用途和工作原理。

(2)了解零件间的相关位置、装配和连接关系及拆装顺序。

(3)弄清零件的作用和结构形状。

第二节 机械基础

一 尺寸与公差配合

孔是指圆柱形的内表面,也包括其他内表面中由单一尺寸确定的部分;轴是指圆柱形的外表面,也包括其他外表面中由单一尺寸确定的部分;公差与配合标准主要是关于孔和轴的尺寸公差,以及由它们组成的配合规定。

1. 尺寸的概念

(1)尺寸:用特定单位表示线性尺寸的数字。用角度单位表示的角度不是尺寸。

(2)公称尺寸:设计者在设计时给定的尺寸。在图样上标注的尺寸,是根据使用要求通过计算和结构方面选用的标准尺寸。

(3)实际尺寸:通过测量所得的尺寸。测量误差往往是不可避免的,又因为有形位误差等因素的影响,所以零件同一表面不同部位的实际尺寸往往并不相同。

(4)极限尺寸:允许尺寸变化的两个界限值,它以公称尺寸为基数来确定。其中,两个界限值中较大的一个为上极限尺寸,较小的一个为下极限尺寸。

2. 偏差的概念

(1)尺寸偏差:某一尺寸减去公称尺寸所得的代数差。

(2)极限偏差:指极限尺寸减去公称尺寸所得的代数差。它包括上极限偏差和下极限偏差。

①上极限偏差:上极限尺寸减其公称尺寸所得的代数差。

②下极限偏差:下极限尺寸减其公称尺寸所得的代数差。

(3)实际偏差:指实际尺寸减其公称尺寸所得的代数差。

3. 尺寸公差的概念

实际尺寸应在一定的范围内变化,而这个范围就是公差。公差是根据零件使用特性、经济效果,合理规定了加工时要控制的范围。

公差等于上极限尺寸与下极限尺寸代数差的绝对值;也等于上极限偏差与下极限偏差代数差的绝对值。

4. 配合及其性质

(1)配合:公称尺寸相同的相互结合的孔轴公差带之间的关系。

(2)配合性质:根据孔和轴公差带间不同关系,配合分间隙配合、过盈配合和过渡配合三种配合性质。

①间隙配合:孔的尺寸减其相配合的轴的尺寸所得代数差值为正值。

②过盈配合:孔的尺寸减其相配合的轴的尺寸所得代数差值为负值。

③过渡配合:介于间隙配合与过盈配合之间的配合。

二 机械传动机构

在现代机械中,主要应用的传动形式有机械传动、液压传动、气动传动和电气传动四种。其中,机械传动是最基本的传动方式。机械传动的分类如下:

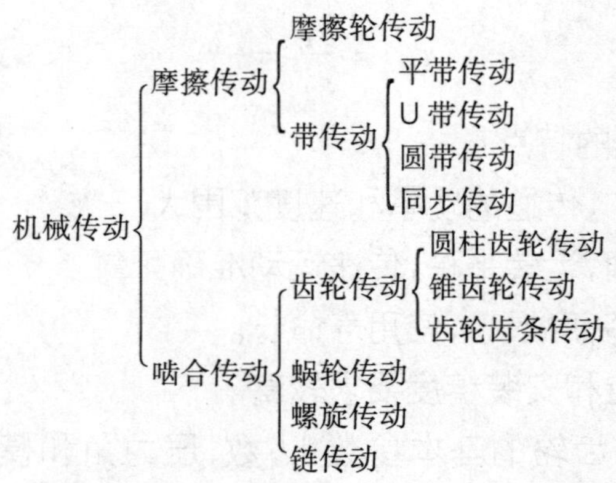

1. 带传动

带传动具有工作平稳、噪声小、结构简单、制造容易、过载保护以及能适应两轴中心距较大的传动等优点。但带传动的传动比不准确、传动效率低、使月寿命短。

2. 链传动

链传动如图 1-3 所示。链传动的特点如下:

(1)只能用于平行轴之间的传动,可在两轴中心距较远的情况下传动。

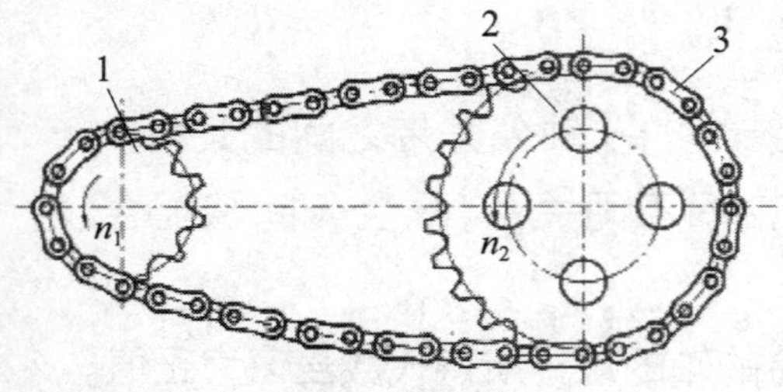

图 1-3　链传动

1-主动链轮;2-从动链轮;3-链条

(2)能保证准确的传动比。

(3)传递的功率大,且张紧力小,作用在轴和轴承上的载荷小。

(4)能在低速、重载及高温和粉尘的恶劣环境中工作。

(5)链条的铰链容易磨损,使链节距变大,造成脱链现象。

3. 齿轮传动

齿轮传动是利用齿轮副中的主动齿轮和从动齿轮直接啮合,来传递运动和动力的机械传动装置。

(1)传动比。齿轮传动的传动比是主动齿轮的转速 n_1 与从动齿轮的转速 n_2 的比值,也等于两齿轮齿数 z_1、z_2 的反比。即:

$$i_{12}=\frac{n_1}{n_2}=\frac{z_2}{z_1}$$

(2)齿轮传动的特点:

①适用范围广,传递的功率和速度范围大。

②传动比精确,运转平稳,传递运动准确可靠。

③传动效率高,磨损小,使用寿命长。

④齿轮的制造和安装精度要求较高。

(3)直齿圆柱齿轮的基本参数:齿数、压力角和模数是几何尺寸计算的基本参数。

①齿数：就是在齿轮圆周上均匀分布的轮齿总数，用 z 表示。当模数一定时，齿数越多，齿轮的几何尺寸就越大，轮齿渐开线的曲率半径越大，齿廓曲线越趋于平直。

②模数：齿距 p 除以圆周率 π 所得到的商称为模数。

③压力角：指齿轮运动方向与受力方向之间所夹的锐角。

三 液压传动

液压传动是以液体为工作介质，利用液体压力来传递动力和进行控制的一种传动方式。

液压传动具有结构简单、传递功率大、布局灵活和传动平稳等优点，广泛用于摩托车行业。

液压传动的原理：液压千斤顶由手动柱塞液压泵和液压缸两大部分组成（图1-4a）。工作时，关闭放油阀，向上提起杠杆（图1-4b），活塞被带动上升，油腔中密封容积增大，止回阀受油腔中的油液作用而关闭，形成局部真空。油液在大气压力作用下，推开止回阀中的钢球，沿吸油管道进入油腔。用力压下杠杆（图1-4c），活塞下移，此时油腔密封容积减小，油液受外力挤压而产生压力，迫使止回阀关闭，并使止回阀的钢球受向上的作用力，当作用力大

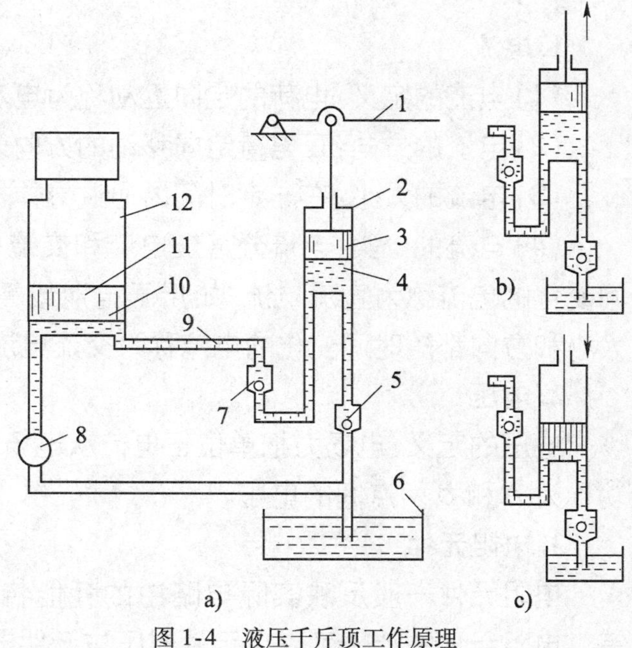

图1-4　液压千斤顶工作原理

1-杠杆；2-泵体；3、11-活塞；4、10-油腔；5、7-止回阀；6-油箱；8-放油阀；9-油管；12-缸体

于油腔中油液对钢球的作用力时,钢球被推开,油腔中的油液压力传递到油腔,油液进入油腔后迫使容积增大,从而推动活塞升起重物。以此反复,使重物不断上升,从而达到起重的目的。液压千斤顶虽然是一个简单的液压传动装置,但从它的工作过程可以看出,液压传动的工作原理是以油液为介质,依靠密封容积的变化和油液产生的压力来传递动力的。

第三节　电工与电子技术基础

为了能更好地了解摩托车的电气系统结构、组成和工作原理,必须明确电工电子技术基础知识的一些基本概念。

一　电工学基础

1. 电流

(1)电流的定义:电荷的定向运动称为电流。

(2)电流的方向:正电荷定向移动的方向为电流的方向。

(3)电流的大小:在一定时间内通过导体横截面积电荷的多少。

(4)电流的分类:电流分直流电流和交流电流两大类。方向不随时间变化的电流称为直流电流,如用干电池或蓄电池做电源提供的电流;大小和方向都随时间变化的电流称为交流电流。

2. 电压

电压的定义:电场力把单位正电荷从电场中 a 点移动到 b 点所做的功称为 a 和 b 两点间的电压。

3. 电阻元件

电阻元件一般反映实际电路中的耗能特性,如电炉、电灯、电阻器等。电阻元件的特性可以用元件电压与元件电流的代数关系表示,即:

$$U = RI$$

4. 电功率

电流在单位时间内所做的功称为电功率,用字母 P 表示,单位为瓦

特(W)。电功与电功率的数学关系式为:

$$P = \frac{W}{t}$$

$$P = IU = I^2R = \frac{U^2}{R}$$

5. 短路

电路中,电源通向用电设备的两根导线不经过用电设备而直接导通的现象,称为短路。

6. 断路

电路中,由于导线的断开,使电流不能形成闭合回路的现象,称为断路。

二 电子技术

1. 半导体二极管

半导体二极管的单向导电性,当外加正向电压时,二极管导通。导通时,二极管的正向压降几乎为零,二极管相当于短路。当外加反向电压时,二极管截止。截止时,二极管的反向电流几乎为零,二极管相当于开路。根据这一特性,在摩托车电气系统中用二极管将发电机产生的交流电整流为直流电。

2. 半导体三极管

半导体三极管分为 PNP 型管和 NPN 型管,管子有三个电极:发射极 e、基极 b 和集电极 c,如图 1-5 所示。

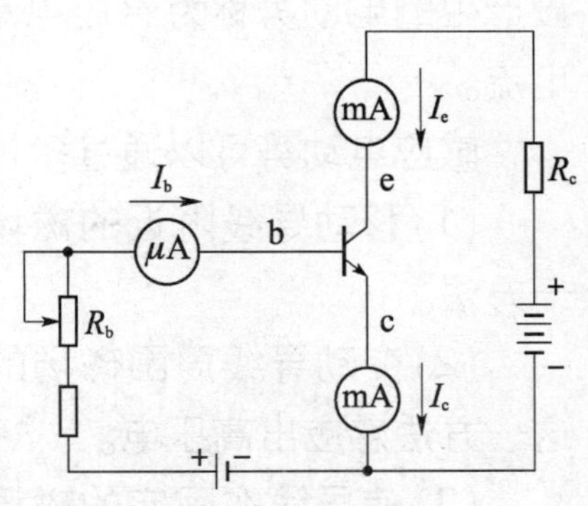

图 1-5 半导体三极管

半导体三极管具有电流放大作用:用较小的电流去控制较大的电流,称为电流放大。

当基极 b 的电位和集电极 c 的电位都高于发射极 e 的单位时,三极管内将流通有基极电流 I_b、集电极电流 I_c 和发

射极电流 I_e 在基极 b 和发射 e 之间加入信号电压，使基极电流 I_b 产生很小的变化，会使集电极电流 I_c 产生很大的变化。两者变化的比值称为电流放大系数 $\beta=\Delta I_c/\Delta I_b$。一般三极管的 β 值为 20 ~200。

3. 晶闸管

晶闸管(旧称可控硅)，是一种具有三个 PN 结的四层结构的大功率半导体器件。它的功用不仅是整流，还可以用作无触点开关以快速接通或切断电路，实现将直流电变成交流电的逆变，将一种频率的交流电变成另一种频率的交流电等。

二 电磁感应与磁路

1. 磁体及其性质

物体能吸引铁、镍、钴等金属及其合金的性质称为磁性，具有磁性的物体称为磁体。

磁体两端磁性最强的区域称为磁极，分别为北极(N 极)和南极(S 极)。磁极之间存在相互作用力，即磁场力，且同性相斥、异性相吸。磁体形成的磁场通常用磁力线表示。

2. 电磁感应

通电导线会产生磁场，利用磁场也可以在导线中产生电流。当导线周围的磁场发生变化时，在导线中会产生感应电势(感应电压)，电磁感应产生的电动势称为感应电动势。由感应电动势产生的电流称为感应电流。

感应电动势可以通过多种方法产生：

(1)移动导线附近的磁场。摩托车电气系统的磁电机大都采用这一方法。

(2)变动导线周围磁场的强度。摩托车点火系统的点火线圈采用这一方法感应出高压电。

(3)使导线在固定的磁场中运动。摩托车电气系统的直流发电机采用这一方法。

3. 磁路

把线圈绕在磁性材料制成的铁芯上，当有电流通过线圈时，电流产生的磁通绝大部分通过铁芯，通过铁芯的磁通称为主磁通，用字母 Φ 表示。

主磁通通过的闭合路径称为磁路，用以产生磁场的电流称为励磁电流。

第四节　摩托车维修工量具使用

摩托车维修工具可分为常用工具和专用工具，掌握正确的使用方法，能提高工作效率和保证维修质量。

一 摩托车维修常用工具

1. 螺钉旋具

螺钉旋具用来拧紧或放松带沟槽的螺钉。摩托车维修常用的螺钉旋具有一字螺钉旋具和十字螺钉旋具两种。

螺钉旋具的使用及注意事项：

(1) 选用螺钉旋具时，应使刀口尺寸与螺钉的沟槽大小相适宜，否则会损坏螺钉旋具及螺钉的沟槽。

(2) 使用前，必须擦净刀口油污，以免工作时滑脱。

(3) 使用时，要以手握持螺钉旋具，手心抵住柄端，使螺钉旋具刀口与螺钉沟槽垂直而吻合。开始旋松或最后旋紧时，应用力将螺钉旋具压紧，再按需要方向用手腕扭转。当螺钉松动后，可用手心轻压螺钉旋具刀柄，再用拇指、中指和食指快速扭转。使用较长的螺钉旋具时，可用一只手压紧和转动手柄，另一只手握螺钉旋具中间，使它不致滑脱，以保证工作安全。

(4) 使用十字螺钉旋具时，因较容易滑脱，所以必须使螺钉旋具刀口与螺钉沟槽完全吻合，而且压紧力应大一些。

(5)禁止将零部件拿在手上拆装螺钉,以免螺钉旋具滑出伤手。如必须用手拿着拆装时,要注意防止伤手。

(6)禁止用螺钉旋具当撬棒或凿子使用,也不准在螺钉旋具刀口处用扳手或钳子来增加压力,以防螺钉旋具扭曲或扭弯。

2. 钳子

摩托车维修常用的有鲤鱼钳和尖嘴钳两种。

钳子的使用方法和注意事项如下:

(1)使用前应擦净钳子上的油污,以防止工作时滑脱。

(2)使用时,必须将工件夹牢后再用力切割或扭弯。用鲤鱼钳夹持稍大的工件时,工件可以放在钳口。

(3)禁止用钳子代替扳手拆装螺母、螺栓,以免损坏螺母、螺栓的六方棱角。禁止用钳柄代替撬棒,以免弯曲折断钳柄。为了避免钳口退火,不要用它来夹持过热的工件。

3. 锤子

锤子的使用方法及注意事项如下:

(1)工作前应检查锤子是否松动,如有松动应楔牢,以防工作时锤头飞出伤人。

(2)使用锤子时,应擦净手和锤子上的汗水、油污,以免工作时锤子滑脱而损物伤人。

(3)使用锤子捶击生铁、薄板或悬空垫着的工件时,不能用力太猛,以免打飞工件伤人。

(4)使用锤子时,手要适度握紧锤柄后端。锤击时,先将锤子举起,眼注视工件,靠手腕的力使锤头快速下移,锤头面平击在工件上,这样锤击才有力。

4. 扳手

扳手是用来拆装带棱角的螺母和螺栓的工具。摩托车维修中,一般常用的有开口扳手、梅花扳手、套筒扳手和活扳手等。

(1)开口扳手。开口扳手有两头和单头两种。一套开口扳手由6

件或 8 件组成，用来拆装标准的螺母和螺栓。

（2）梅花扳手。梅花扳手的两端是套筒式，工作时不易滑脱，适用于拆装空间位置受限制的螺栓和螺母。一套梅花扳手由 6 件或 8 件组成。

（3）套筒扳手。套筒扳手的套筒部分可以拆下，使用时可以根据需要装配不同尺寸的套筒。每套由 13 件、17 件或 24 件组成，套筒扳手适用于拆装位置狭小、特别隐蔽的螺母和螺栓。

（4）活扳手。活扳手的开口距离可以在一定的范围内任意调整。

扳手的使用方法和注意事项如下：

①选用各种扳手时，扳手大小必须符合螺母和螺栓头的尺寸。若扳口过大，则容易滑脱而损坏扳手或螺母、螺栓头的棱角，甚至会碰伤人。

②使用活扳手时，扳手的平面和螺母的旋转平面应重合，并要把螺母全部钳入开口内。

③使用活扳手时，应将活动扳口调整合适，扳手的两对边旋紧螺母，如有松动，就会滑出而损坏扳手或螺母。工作时，应让扳手固定部分承受拉力，用力要均匀，如图 1-6 所示。

5. 振动旋具

振动旋具是拆装拧紧力矩较大的螺钉所使用的工具，如图 1-7 所示。

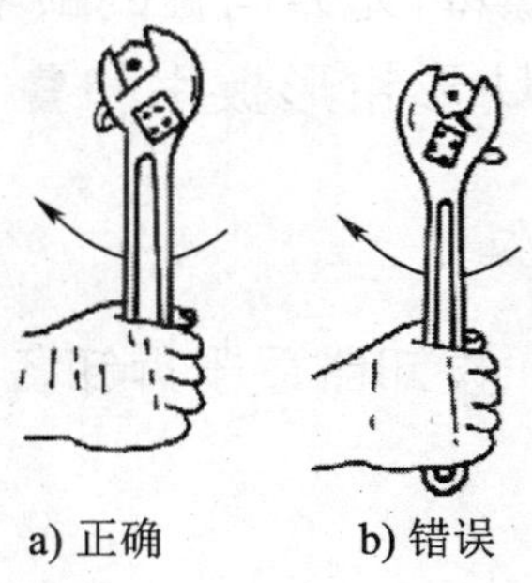

图 1-6　活扳手的使用

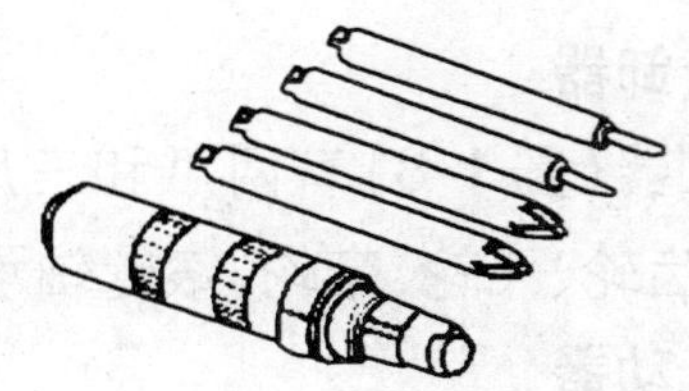

图 1-7　振动旋具

振动旋具的特点是当振动旋具的尾部受到冲击力时，该旋具的头部在给螺钉一个轴向冲击力的同时也给螺钉一个旋转力矩，从而把螺钉振紧或振松。

拆卸螺钉时,将手柄上的销钉扳在旋出位置,将旋具头对准螺钉,用锤子敲击振动旋具的尾部,螺钉即被振松;安装螺钉时,将销钉扳在旋进的位置,用手将螺钉拧到拧不动为止,然后使用振动旋具将螺钉振紧。使用这种工具的优点是,在拆拧得很紧的螺钉或要将螺钉拧到规定的力矩时,不易损坏螺钉的槽口。

二 摩托车维修专用工具

1. 挡圈钳

挡圈钳分为孔用挡圈钳和轴用挡圈钳。孔用挡圈钳用于拆装发动机活塞孔内的挡圈、后减振器阻尼阀座的挡圈,轴用挡圈钳用于拆装发动机变速轴和起动轴上的挡圈等。

2. 火花塞扳手

火花塞扳手用于拆装火花塞,有分离式和整体式两种。套筒的内六角孔对边尺寸为 22mm 的火花塞扳手,适用于拆装螺纹直径为 14mm 的火花塞;内六角对边尺寸为 17mm 的火花塞扳手,适用于拆装螺纹直径为 10mm 的火花塞。

3. 钳形扳手

钳形扳手用于拆装各种形式的锁紧螺母,如方向柱的锁紧螺母等。摩托车维修中常用的有钩头钳形扳手、U 形钳形扳手和叠式钳形扳手等。

4. 拔卸器

拔卸器(图 1-8)有两爪和三爪之分。拔卸器适于拆卸各种过盈配合件,如齿轮、飞轮、带轮、滚轮轴承等。

5. 止动器

止动器是用来拆装磁电机飞轮螺母的专用工具,如图 1-9 所示。

将止动器的两个卡销卡在磁电机飞轮的圆弧形槽内,限制磁电机飞轮的转动,即可用扳手拆卸或安装飞轮螺母。

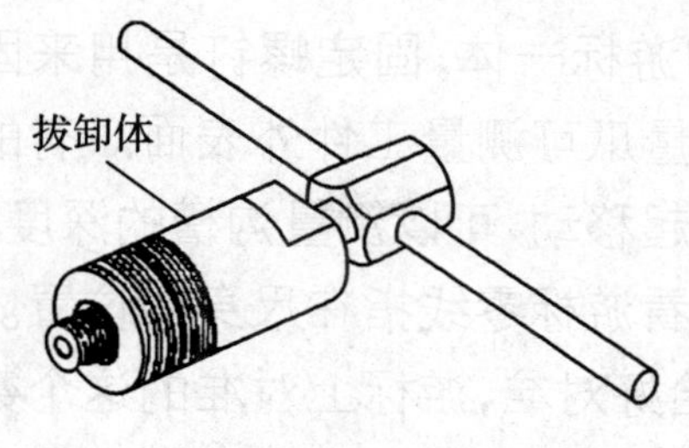

图 1-8 拔卸器

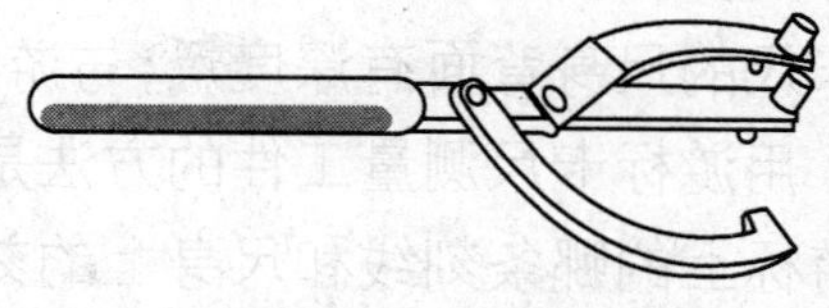

图 1-9 止动器

6. 磁电机飞轮拔卸器

飞轮拔卸器用于拆卸磁电机飞轮。拔卸体的螺纹是细牙左旋螺纹，使用时，先将顶力螺栓往外旋出，将拔卸体逆时针方向拧在磁电机飞轮上，用手卡住拔卸体，或用止动器止住磁电机飞轮，然后将顶力螺栓旋进去，顶住曲轴端部，将飞轮拔出。

三 摩托车维修常用量具

1. 卡钳

卡钳是一种间接量具。卡钳分为内卡钳和外卡钳两种。普通卡钳用弹簧连接两个卡脚。内、外卡钳有各种不同的尺寸，以适应工件尺寸变化的需要。

内卡钳主要用来测量工件内部尺寸，如内径、槽宽等，也可以测量工件长度。使用时，用食指与拇指捏住卡钳的铆接端，卡钳与所测工件孔的中心一致。先使一个卡脚抵住孔壁，然后使另一卡脚沿孔壁转动，以量取最佳值。

外卡钳用于测量工件的外部尺寸，如外径、厚度和宽度等。使用时，中指托住两卡脚的中间，拇指和食指捏在两侧，调整好卡脚的中距，借卡脚本身的质量垂直地滑过工件的表面。

2. 游标卡尺

游标卡尺是一种精度比较高的量具，它可以直接量出工件的内径、外径、宽度和长度等，其常见测量精度为 0.02mm。

游标卡尺由尺身、游标、内量爪和外量爪等组成，如图 1-10 所示。

固定量爪和尺身一体,活动量爪和游标一体,固定螺钉是用来固定游标的。内量爪可测量工件内表面,外量爪可测量工件外表面。有的游标卡尺的尺身背面有深度尺,与游标一起移动,可以测量沟槽的深度。

用游标卡尺测量工件的方法是:先看游标零线指在尺身的位置。再看游标上的哪条刻线和尺身上的刻线恰好对准,游标上对准的这个数值为小数,两数相加即为所得尺寸。小数的读法是以游标的读数乘以游标卡尺的精度。

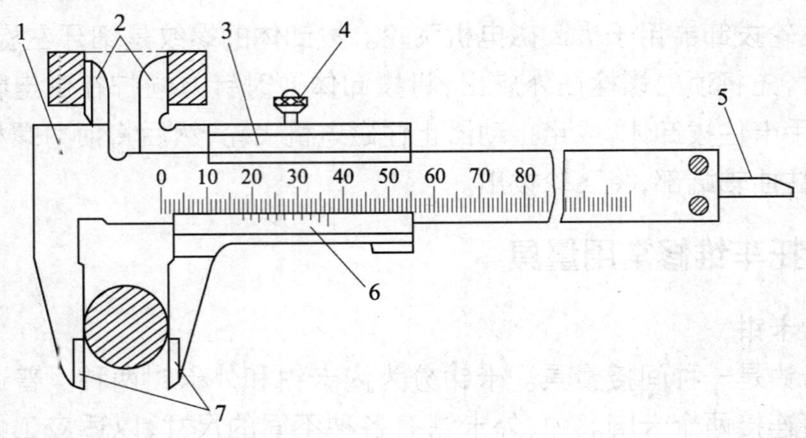

图 1-10　游标卡尺

1-尺身;2-内量爪;3-尺框;4-紧固螺钉;5-深度尺;6-游标;7-外量爪

使用游标卡尺的注意事项:

(1)使用游标卡尺前,应先将游标卡尺和工件擦干净,并检查游标卡尺的两个量爪。

(2)测量时,先将量爪张开,再慢慢地推动游标,使两量爪与工件接触。游标卡尺测量时不要歪斜,读数要正确。

(3)用完后要擦拭干净,放回盒内保存。

3. 千分尺

千分尺是一种精密量具,测量精度为 0.01mm。千分尺按其用途分为外径千分尺、内径千分尺和深度千分尺。外径千分尺是用来测量工件外部尺寸的,按其测量范围可分为 0 ~25mm、25 ~50mm、50 ~75mm、

75～100mm、100～125mm 等多种。其构造如图 1-11 所示。

千分尺的刻度原理是：螺杆后面有螺距为 0.5mm 的精密螺纹，当旋转活动套筒或棘轮时，螺杆和活动套筒就一起前进或后退。活动套筒旋转一周，螺杆移动 0.5mm。在固定套筒上每隔 0.5mm 就刻一条直线，而活动套筒的外周上刻有 50 个等分线。活动套筒每转一条线，螺杆就前进或后退 0.01mm。

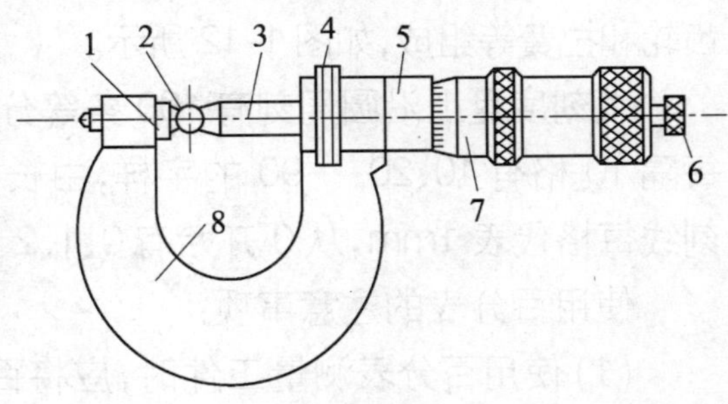

图 1-11　千分尺

1-固定测砧；2-工件；3-螺杆；4-制动环；5-固定套筒；6-棘轮；7-活动套筒；8-尺架

(1)千分尺的读数方法。

①读出离活动套筒边缘最近的固定套筒轴向刻度线的数值。

②读出活动套筒上哪一刻线与固定套筒上基准线对准。

③将以上两部分读数加起来即为所测量的尺寸数值。

(2)使用千分尺的注意事项。

①使用千分尺前，应将工件和千分尺测量面擦干净，并使两测量面接触，查看活动套筒上零线是否与固定套筒上的基准线对准。若对不准，应检查原因并进行调整。

②测量时，先转动活动套筒，在测量面接近工件时，再拧转棘轮，使测量面接触工件，直到发出"嘎嘎"响为止。

③测量时，千分尺要放正，并要注意温度的影响。

④禁止使用千分尺去量毛坯件，更不允许在工件转动的情况下进行测量。

⑤使用后，应擦拭干净，并涂油放入盒内保管。

4. 百分表

百分表主要用于长度的相对测量以及形状和位置误差的测量等。百分表的测量精度为 0.01mm，按其测量范围分为 1mm、3mm、5mm、10mm 等。

百分表由触头、测量杆、套筒、大刻度盘、小刻度盘、长指针、短指针以及齿轮和拉簧等组成,如图1-12所示。

大刻度盘上沿圆周刻有100条等分线,每格代表0.01mm,从0开始每隔10格有10、20、…90的字样,由长指针指示。小刻度盘上沿圆周的刻线每格代表1mm,从0开始有0、1、2、…5的字样,由短指针指示。

使用百分表的注意事项:

(1)使用百分表测量工件时,应将百分表安装在支架上,触头与工件表面保持垂直。读数时,视线应与刻度盘垂直,否则会产生读数误差。

(2)在测量同一工件的过程中,不能更换百分表。

(3)用完后应擦拭干净,装入盒内保存。

5. 内径百分表

内径百分表是用来测量发动机汽缸的圆度、圆柱度和磨损情况。内径百分表由百分表和一套联动装置(包括表杆、接杆座、活动测杆、支撑架、固定螺母等)组成,如图1-13所示。

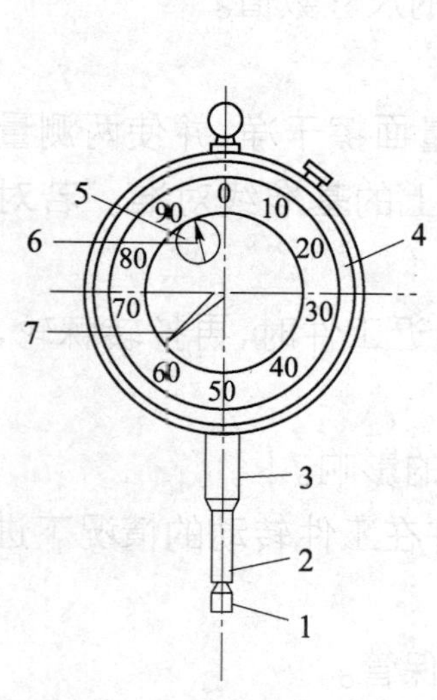

图1-12 百分表

1-触头;2-测量杆;3-套筒;4-大刻度盘;5-小刻度盘;6-短指针;7-长指针

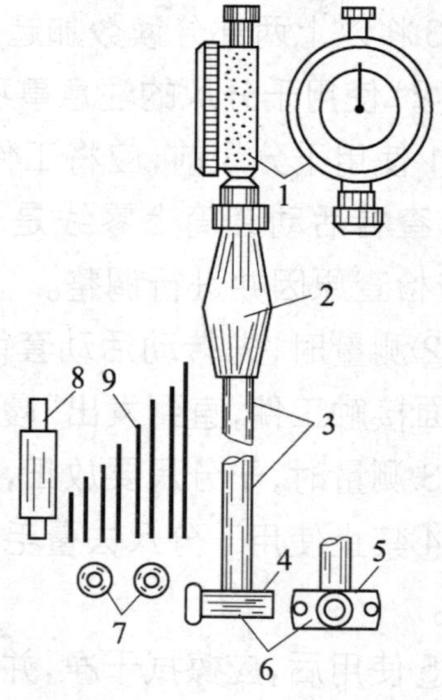

图1-13 内径百分表

1-百分表;2-绝热套;3-表杆;4-接杆座;5-活动测杆;6-支撑架;7-固定螺母;8-加长接杆;9-接杆

使用内径百分表测量汽缸内径尺寸时，先用标准百分尺把内径百分表校正到零位，再将内径轴线垂直。为了保证触头与汽缸内径轴线垂直，应左右摆动内径百分表，以内径百分表指针读数最小值为准。

四 摩托车维修仪表、仪器

1. 轮胎气压表

轮胎气压表如图1-14所示。

轮胎气压表可测试前、后轮胎压力。使用时将气嘴接头紧压到轮胎气门嘴上，使气门芯被压进，察看指示器的读数即为轮胎气压。在测量时，必须注意气压表与气门嘴对准，不要有漏气现象，否则测出的值不准。表上显示的数值为轮胎压力。

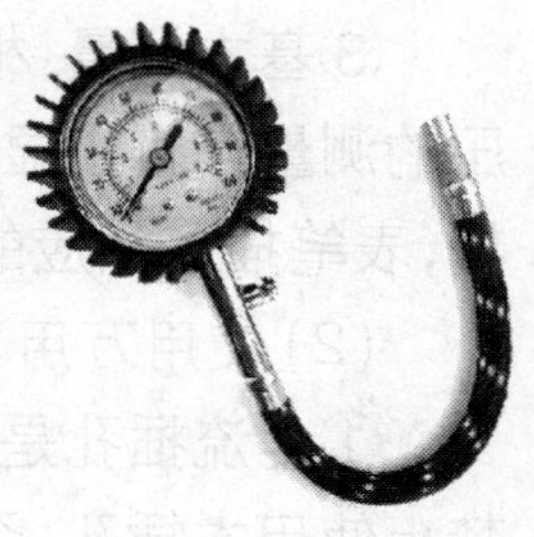

图1-14 轮胎气压表

2. 汽缸压力表

汽缸压力表用于测量汽缸内可燃混合气体被压缩后的压力，测量汽缸压力时，先拆下火花塞，然后压紧汽缸压力表，节气门处于全开位置，用电起动或脚起动来带动发动机，压力表所显示的最大值即为该汽缸的压力，一般为600～700kPa。

3. 点火正时灯

点火正时灯主要用于检测发动机点火系统的点火提前角是否准确。使用点火正时灯检查点火提前角的方法如下：

(1)起动发动机，并控制发动机转速保持稳定。

(2)将点火正时灯的信号传感器夹在点火线圈高压输出导线上。

(3)按下点火正时灯频闪开关，并使正时灯的闪光束对准曲轴箱上的标记和飞轮外圆表面的标记。

(4)注意观察磁电机飞轮外圆表面上的点火标记与曲轴箱上的标记是否对齐。如标记对齐，表明点火正时；如飞轮上的刻线提前出现，表明点火提前角偏小，反之则偏大。

4. 万用表

万用表是测量摩托车电气系统最常用的检测仪表,现常用的是数字万用表。其外形如图1-15所示。

(1)数字万用表的使用方法。

①使用前,应认真阅读使用说明书,熟悉刀盘、按钮、插孔的作用。

②将刀盘拨离 OFF 位置,即为开机。

③基本测量:根据需要拨到相应位置,交直流电压的测量可直接显示混合信号的直流分量和交流分量,表笔插入相应的插孔。

图 1-15 数字万用表

(2)使用万用表的注意事项。

①电流插孔是为了测量电流用的,不用的时候禁止使用本插孔,否则万用表将可能被烧毁。

②正确选择万用表量程。

第二章　摩托车发动机构造与检修

发动机是使燃料在汽缸内燃烧，将热能转变为机械能的装置，是动力的来源。发动机部分由机体、曲轴连杆机构、配气机构及燃料供给系统、进排气系统、冷却系统、润滑系统组成。

第一节　发动机构造与工作原理

一　四冲程汽油发动机的工作原理

四冲程汽油发动机的一个工作循环由四个行程组成，即曲轴旋转两圈，活塞在汽缸中往返两次，完成进气、压缩、燃烧、排气四个工作过程。

1. 进气行程

活塞从上止点向下止点移动，此时进气门开起，排气门关闭。随着活塞的下移，汽缸内容积增大，压力降低，当低于大气压时，可燃混合气体通过进气门吸入汽缸内。

2. 压缩行程

活塞由下止点向上止点移动，进、排气关闭。汽缸内容积缩小，可燃混合气体受到压缩，其压力和温度升高。当活塞接近上止点时，可燃混合气被火花塞点燃。

3. 燃烧行程

压缩行程终了，被点燃的可燃混合气体使燃烧室内的压力和温度急剧升高而产生动力，推动活塞向下移动，并通过连杆带动曲轴旋转，发动机输出功率。

4. 排气行程

由于飞轮的惯性作用，使曲轴继续转动，带动活塞由下止点向上止点移动,此时进气门关闭,排气门开起,汽缸内燃烧后的废气从排气门排出。

四冲程发动机的曲轴每转动两圈完成一个工作循环,做一次功,如此周而复始地循环,发动机便可持续运转下去,并不断输出功率。

二 发动机机体组成

发动机机体由汽缸盖、汽缸体和曲轴箱三大部件组成。

1. 汽缸盖

汽缸盖如图 2-1 所示。

图 2-1 汽缸盖

汽缸盖的作用是密封汽缸,并与活塞共同构成燃烧室,承受高温、高压燃气的作用。摩托车发动机汽缸盖的材料一般都是采用导热性能良好的铝合金。在顶置气门四冲程发动机的汽缸盖上,安装有火花塞,气门座、气门导管、凸轮轴、摇臂轴等。

燃烧室是由活塞的顶部及汽缸盖上相应的凹形空间所围成的。四冲程发动机燃烧室有半球形、楔形、盆形、棱形等。

(1)半球形燃烧室。其表面积和容积之比最小,热损失少,热效率高。火花塞可以安装在燃烧室的中央,火花引燃混合气后火焰传播的速度均匀,不易产生爆震。进、排气门均斜置,允许较大气门直径,进气道转弯最小,充气效率最高。半球形燃烧室动力性、经济性好,NO_x 排放量少,高速适应性强。

(2)楔形燃烧室。燃烧室较紧凑,火焰传播距离较短。挤气面积较大,对末端混合气冷却作用较强,爆震倾向减小,可采用较高的压缩比。

气门斜置，有利于增大气门直径，气道转弯较少，使进气阻力减小，提高了充气性能。

(3) 盆形燃烧室。燃烧室的面容比较大，火焰传播距离相对较长，不便于采用高的压缩比，由于燃烧时间拖长，使压力升高率较低，其动力性、经济性不高，对 HC 排放不利，但 NO_x 排放较少。

(4) 棱形燃烧室。燃烧室形状像屋顶，设计制造比多球形燃烧室简单，活塞设计成凸起或在活塞顶部做出凹坑以避免与气门相碰，因此可以获得高压缩比，多为四冲程发动机采用。

2. 汽缸体

汽缸体如图 2-2 所示。

汽缸体给气体压缩、膨胀提供了一个空间，并对活塞运动起导向作用。它还将汽缸中的一部分热量传递给周围冷却介质。汽缸体直接受到高温高压的作用。由于汽缸内壁面的温度较高，润滑油膜不易保持。

图 2-2　汽缸体

3. 曲轴箱

曲轴箱是发动机的承力部件，主要作用是支撑曲轴、离合器、变速器、汽缸体和汽缸盖，承受燃烧爆发冲击和曲轴连杆运动的惯性力，并构成一密闭空间。曲轴箱上还安装有磁电机、机油泵、起动机构等。

三　曲轴连杆组

曲轴连杆组如图 2-3 所示。

1. 曲轴的作用与结构

(1) 曲轴的作用是承受连杆传来的力，并转变成绕其自身轴线的转矩，然后传给传动系统，同时还驱动配气机构和其他一些辅助装置。

(2) 曲轴的结构。曲轴通过轴承安装在曲轴箱上，该轴承称为主轴承，一般采用高精度的向心球轴承。曲轴上安装主轴承的部位称为主轴颈;安装连杆大头的部位称为曲轴销,曲轴销的中心线偏离曲轴的中心线,但与其平行;连接曲轴销和主轴颈的部分称为曲轴臂(简称曲轴),曲轴的两端往往制有锥面、花键、螺纹等,用以连接并驱动磁电机、离合器、传动装置、润滑油泵、配气机构等。

图2-3 曲轴连杆组

2. 连杆的作用与结构

(1)连杆的作用。是将活塞的运动和动力传递给曲轴,从而推动曲轴旋转。

(2)连杆的结构。由小头、杆身和大头三部分组成。与活塞销连接的部分称为小头,与曲轴销连接的部分称为大头,中间部分即杆身。

①大头。连杆大头有剖分式和整体式两种。整体式连杆大头对应的曲轴为组合式曲轴,用轴承与曲轴销相连;剖分式连杆大头则对应整体式曲轴,用剖分式轴瓦与曲轴相连。

②杆身。杆身横截面由小头端向大头端逐渐增大,以使其受力均匀。杆身与大头、小头的连接处常用较大的圆过渡,以减小应力集中。

③小头。连杆小头压配有铜套或装有滚针轴承与活塞销相连,以适应发动机的转动和减小摩擦阻力。

3. 曲轴连杆检测

(1)左右轴颈的径向圆跳动量。用顶尖顶住曲轴的两侧,在两个主轴颈距离连杆相等处各固定一个百分表,使之垂直指向曲轴中心,然后转动曲轴,读出百分表的最大读数和最小读数,两者之差即为主轴颈的径向圆跳动量,如图2-4所示 。如果该值超出规定,应进行校正。

(2)连杆大头的径向间隙。将曲轴固定,将连杆沿径向从一个极限位置移动到另一个极限位置,千分尺指针的偏移量即为连杆大头的径向间隙。如果该间隙值超过规定值,则需要进一步检查,以确定是否更换新的零件。

(3)连杆大头的侧向间隙。曲轴连杆总成装好后,将连杆大头推向一侧,用塞尺测量连杆大头的侧隙。

四 活塞组

活塞组的作用是承受汽缸中可燃混合气燃烧产生的压力，并将此压力传给连杆，以带动曲轴旋转，与汽缸盖等共同组成燃烧室，保证汽缸的气密性。活塞组由活塞、活塞环、活塞销、挡圈等组成，如图 2-5 所示。

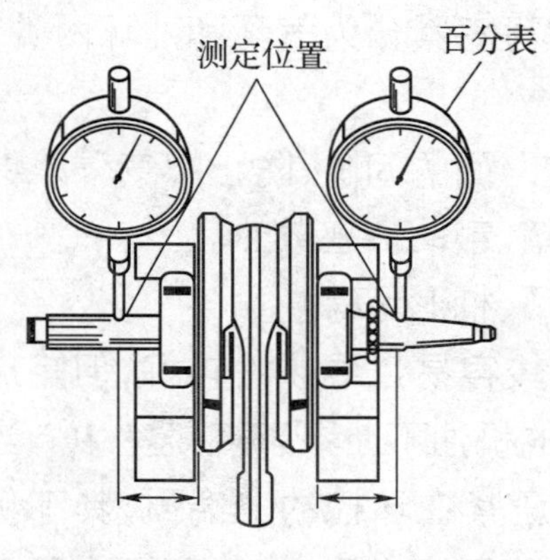

图 2-4 曲轴轴颈测量

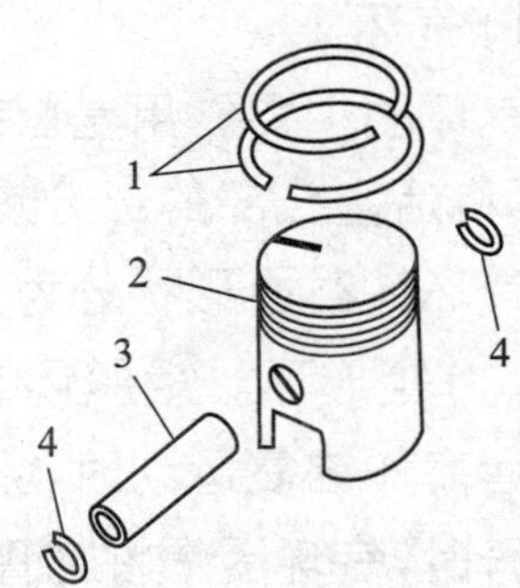

图 2-5 活塞组

1-活塞环；2-活塞；3-活塞销；4-挡圈

1. 活塞

活塞可分为顶部、环部、销部和裙部。

(1) 活塞的结构。活塞顶部承受混合气燃烧产生的压力，并将力通过活塞销传到连杆推动曲轴旋转。为了使活塞在工作状态下保持圆柱形更好地与汽缸壁贴合，以利于散热和防止拉缸现象出现，活塞在常温下的形状成上小下大的圆锥体，其断面形状是呈以活塞销孔方向为短轴的椭圆形，活塞和汽缸之间有一定的配合间隙。

(2) 活塞直径的测量。在常温下测量活塞的直径，应该测量活塞裙部下端指定位置处垂直于活塞销方向的尺寸，此处为活塞最大的直径尺寸，如图 2-6 所示。一般是在距活塞底部 10mm 处进行测量。由于活塞

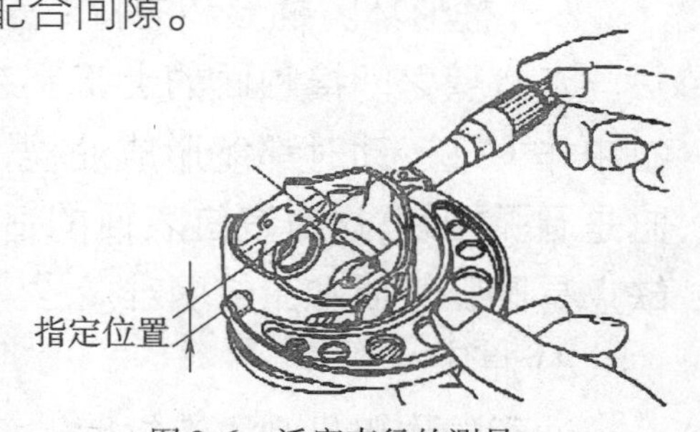

图 2-6 活塞直径的测量

呈圆柱形,为确保数据正确,应多次测量取平均值。若活塞直径超出使用极限值应予以更换。结合汽缸直径,还可以计算出活塞与汽缸的配合间隙。

2. 活塞环

活塞环的作用是密封气体、刮去多余的机油、传递热量及在活塞与汽缸之间起支撑作用。按活塞环的用途可将其分为气环和油环两类。

1) 气环

气环的主要作用是密封活塞与汽缸之间的间隙,防止燃气漏入曲轴箱,并将活塞头部的部分热量传给汽缸壁,帮助活塞散热。

气环按截面形状分为矩形环、锥形环、桶形环等。

(1) 矩形环。矩形环的优点是加工较容易且导热性较好,但矩形环在随活塞作往复运动时,会把汽缸壁上的机油不断泵入燃烧室中。当活塞下行时,气环受惯性与摩擦力的作用压紧在环槽的上端面,其下侧与内侧间隙被从缸壁上刮下的机油充满。当活塞上行时,气环压在环槽的下端面,将原先充满环槽内侧及下侧的机油挤向上侧与内侧空间。如此反复,便将机油泵到了燃烧室内。

(2) 锥形环。锥形环与汽缸内壁有 2°左右的夹角,使活塞环单位面积上受到的压力加大,环与缸体壁的接触面积减小,提高了磨合性能和密封性能,刮油效果也较好。安装锥形环时不能装反,也不能装在第一道环槽上,应窄面朝上,宽面朝下。一般在开口处有标记,有标记的一面是窄面,应朝上。

(3) 桶形环。桶形环的特点是环的外圆面呈凸的圆弧形,装入汽缸后与汽缸壁之间接触面的上下都存在一个楔形空间。因而随活塞在汽缸中作上下运动时都能形成油楔,从而使磨损减小。另外,桶形环与汽缸是圆弧接触,这对汽缸表面的适应性较好,接触应力大,有利于密封。缺点是圆弧表面加工较困难。

2) 油环

油环的作用是刮去汽缸壁上多余的机油,并使汽缸壁上形成一层均匀的油膜，还起到辅助密封的作用。油环可分为普通油环和组合油环两种。

（1）普通油环。普通油环的外圆柱面中间有一个环槽，使得油环和汽缸的接触面积减小，从而增大了接触比压，加强了刮油能力和密封性。环槽圆周加工有许多回油槽或回油孔，当油环随活塞上下运动时，油环尖锐的外圆便将汽缸壁上多余的机油刮下，经油环的缝隙、油环槽底部的回油孔再通过活塞上的回油孔流回曲轴箱，只有微量的机油均布在缸壁上用来润滑气环。

（2）组合油环。在摩托车上用得较多的是组合油环，组合油环一般由两个刮片和一个撑簧组成。撑簧撑在两个刮片中间。两个刮片均由薄钢带制成，能分别动作，对汽缸有较好的适应性。组合油环的优点是质量轻、摩擦阻力小、接触压力高、密封性能好。波浪形的撑簧形成许多小孔，使回油更畅通。

3）活塞环的检测

活塞环端隙、侧隙和背隙的检测。测量前应先将活塞环表面和活塞环槽中的积炭清除干净，注意在铲刮时不要将环和环槽表面刮伤。测量活塞端隙时，将活塞环用活塞顶部推至汽缸中，保持活塞环与汽缸中轴线垂直，用塞尺测量塞环的开口间隙，即端隙。活塞环的端隙对密封性有较大影响，间隙过大，漏气量增多，间隙过小，活塞环受热膨胀后容易与汽缸体卡死折断，造成故障。测量活塞环侧隙时，将活塞环装入活塞中并推入环槽，用塞尺测量活塞环与活塞环槽之间的间隙，即侧隙。当活塞环端隙、侧隙超出使用极限尺寸时，应予以更换。

3. 活塞销及挡圈

（1）活塞销。活塞销的作用是用来连接活塞和连杆，并将活塞承受的力传给连杆。

①结构。活塞销通常做成空心圆柱状，以减小活塞质量，从而减小往复运动的惯性力。活塞销一般用低碳合金钢制造，工作表面经渗碳淬火并精磨，有较高的表面硬度和较小值的表面粗糙度。它和活塞销孔、

连杆小头轴承的配合一般采用“全浮式”,即在工作状态下,活塞销能在销座孔中自由旋转,以减小磨损并使磨损均匀。

图 2-7 活塞销的测量

②活塞销的测量。如图 2-7 所示,测量活塞销时应在活塞销与连杆小头、活塞销与活塞销孔接触的三个部位进行测量。若一处尺寸小于使用极限值就要予以更换,同时还要测量连杆小头、活塞销孔的孔径,并计算活塞销与连杆小头、活塞销与活塞销孔相互之间的配合间隙,若超出使用极限尺寸也要予以更换。检测时也可以靠感觉来判断配合间隙,将活塞销分别用手推入活塞和连杆的销孔中,若活塞销能平滑地进入孔中,上下左右晃动时无明显的间隙感觉,则配合间隙基本能符合标准。

安装活塞销时,应事先涂抹上润滑油,并要检查确认活塞销卡簧卡在卡簧槽中。

(2)挡圈。挡圈的作用是轴向固定活塞销,以防止其发生轴向窜动。

五 配气机构

配气机构的作用是保证发动机在工作过程中定时开启和关闭进、排气门,使新鲜可燃混合气体及时进入汽缸,并将燃烧后的废气及时排出汽缸。

(一)顶置凸轮轴式配气机构组成

顶置凸轮轴式配气机构主要由凸轮轴、摇臂、气门、气门导管、气门座、气门弹簧及链轮、链条等组成。

配气机构的工作原理是曲轴通过链轮、链条,把动力传递给凸轮轴,凸轮轴通过它上面的凸轮驱动摇臂,并通过摇臂的杠杆作用,克服气门弹簧的弹力,驱动气门。气门的复位是靠气门弹簧的弹力完成的。

1. 气门

气门(图 2-8)是发动机进、排气道中的控制元件。在进气行程中,依靠进气门的开启可让新鲜可燃混合气进入汽缸。在排气行程中依靠排气门的开启可将废气排出汽缸。

气门由头部和杆部组成。气门的工作条件极其恶劣。气门头部的工作温度很高，极易被烧蚀；而且还要承受气体压力、气门弹簧力以及气门传动组件惯性力的作用；气门工作时，其杆部和气门导管还会产生剧烈摩擦；气门的冷却和润滑条件又较差。因此，要求气门必须具有足够的强度、刚度、耐热和耐磨能力。为减小进气阻力，增加充气量，一般进气门的直径比排气门的直径要大。

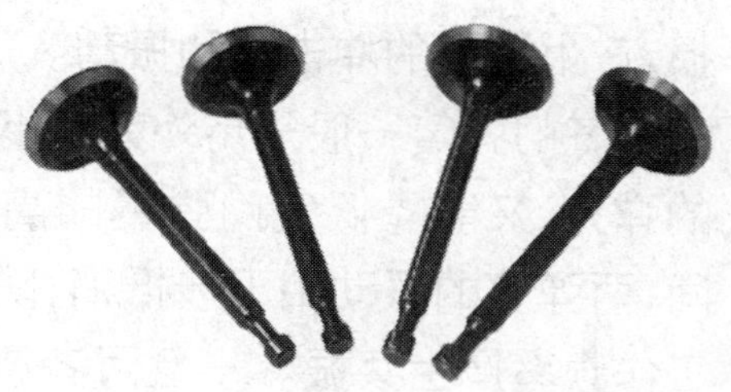

图 2-8　气门

2. 气门导管

气门导管以一定过盈量，压入汽缸盖的气门导管孔内，其作用是引导气门杆作直线运动。气门导管的工作温度较高。气门杆在导管中运行时仅依靠配气机构飞溅出来的油雾进行润滑，润滑条件较差，因此易磨损，所以气门导管要有良好的耐磨性。气门与气门导管之间应有合理的配合间隙，间隙过大，对气门的导向性差，促使磨损加剧；间隙过小，气门杆受热易卡死。

3. 气门座

四冲程摩托车发动机气门座是在单独制作后镶嵌到汽缸盖上，它与气门头部紧密贴合，共同对汽缸起密封作用，并接受气门传来的热量。气门座在高温下工作，润滑条件也差，所以气门座应使用较好的耐磨材料。

4. 气门弹簧

气门弹簧的作用是克服气门关闭过程中，气门及其传动件的惯性力，防止各传动件之间因惯性力的作用而产生间隙；保证气门能及时落座并紧密贴合座圈；防止发动机在振动时气门发生跳动，破坏其密封性。为此，气门弹簧应具有足够的刚度和安装预紧力。其弹簧力要适度，若弹簧力过小,不但会使密封性能变差,而且使气门正常开闭的规律受到破坏;若弹簧力过大,则会增加配气机构有关零件的接触应力,加剧其磨损,产生更大的冲击力和振动。

气门弹簧一般采用外大内小两个圆柱螺旋弹簧,这样既能提供足够的弹力,又能降低气门弹簧的高度。由于内外弹簧的自身振动频率不同,两弹簧的振动相干涉抵消,防止了弹簧自身谐振频率和气门开闭的工作频率产生共振。一旦两者产生共振,不但会破坏配气正时,气门弹簧还会因疲劳而折断。气门内外两个弹簧的旋向是相反的,这样可以防止因错位而造成两根弹簧互相咬死。一般外面的大弹簧采用变螺距弹簧,安装时必须注意弹簧的方向,将螺距小的一端朝向汽缸盖,否则反而会使惯性力和振动大大增加,使弹簧很快折断。

5. 正时主动链轮和正时从动链轮

正时主动链轮装在曲轴上,正时从动链轮装在凸轮轴上通过链条的传动将曲轴的动力传递给凸轮轴,以驱动凸轮轴旋转。在工作中,两个正时链轮与链条,均要承受周期性冲击载荷,特别是链条应有较好的抗冲击载荷和抗疲劳的能力。

(二)调整气门间隙

四冲程发动机的气门头部处于燃烧室内,整个气门都不可避免地要受到燃烧室高温的影响。气门的受热伸长不仅使其密封不严又容易使气门弯曲而卡住。为避免这些不利影响,必须预留一定的间隙作为补偿,以使气门受热伸长后,刚好能形成良好的密封。气门间隙过大或过小都会影响发动机的动力性能和起动性能。发动机出厂时,气门间隙已按规定调整。但由于配气机构的磨损,会使气门间隙发生变化,因此,气门间隙应按使用说明书中规定的维护要求及时进行调整。

气门间隙是指气门调整螺钉与气门杆端部接触面之间的间隙。调整气门间隙时,应在发动机冷机的情况下检测和调整。调整时活塞必须处于压缩行程的上止点,进排气门都关闭。大部分发动机都有上止点正时标记;调整时用规定厚度的塞尺来检查摇臂螺钉和气门杆端之间的距离，如果塞尺在稍用力的情况下能塞进去，塞尺与摇臂螺钉和气门杆端之间有接触的阻力感觉，气门间隙就是合适的。如果塞尺进不去，则表明间隙小了；反之，则表明间隙大了。

（三）四冲程发动机配气机构的检修

1. 气门的检修

气门工作斜面的损伤，可通过外观检查。检查前应将积炭清除干净，若气门工作斜面有麻坑、划痕、拉沟时，可在台钻上进行修磨。具体方法是，将气门杆夹在台钻夹头上，开动电动机调整气门待转动平稳后，用细平锉沿气门斜面仔细地将麻坑、划痕、拉沟等缺陷锉除，最后在锉刀上包一层细砂布将斜面抛光。若气门已烧蚀、损坏，则应更换气门。

气门杆的弯曲检查，将气门置于两块等高的V形块上。转动气门一圈，百分表指针摆动量的即为气门杆的弯曲度。若气门杆部弯曲度大于0.03mm，或者气门工作斜面跳动大于0.05mm，应更换气门。此外，还应将气门装入气门导管中查看工作情况，并用千分尺测定气门杆的外径，若杆径小于极限值，则应更换气门。

2. 气门导管的检修

气门导管随着发动机运行时间的增长，与气门杆部的磨损，间隙会增大，以致在其间产生积炭，造成气门卡滞，散热性变差。发动机运行一定时间后就需检修气门导管。

3. 气门座的检修

首先清除燃烧室及气门上的积炭。在气门与气门座接触面涂上研磨砂，用研磨棒把气门磨合后取出气门，检查气门与气门座的接合面。若气门座工作表面粗糙、有伤痕时，可用气门座铰刀对其进行修整。修整前先在铰刀上涂些机油，然后用手的压力向一定方向进行旋转铰削，一边修整，一边清除切屑。还应检查气门座接触位置，若接触位置太高时，用32°铰刀修整；若接触位置太低时，用60°铰刀修整。然后用45°铰刀修整至规定的接触宽度。

六 进、排气系统

1. 进气系统

进气系统的作用是引导并过滤空气,降低进气噪声,控制进入发动机混合气体的量。

进气系统主要由空气滤清器、进气管和进气控制阀等组成。

1)空气滤清器

空气滤清器功能是滤去空气中的灰尘、杂物和水分,以减少汽缸内运动件的磨损,同时可降低进气噪声,有进气消声器的作用。

根据过滤元件采用的材料和滤气方式,一般分为纸质干式、泡沫塑料湿式、惯性油浴式和滤网式等几种形式。

(1)纸质干式滤芯。由于纸质滤芯不宜于浸液体,故称为"干式"。滤纸的折叠方式多数采用星形,滤纸的两端胶粘在一起。

(2)泡沫塑料式滤芯。浸泡有机油的泡沫塑料滤芯装在滤芯盒中,再塞入空气滤清器壳体内便成一个结构简单、成本较低的空气滤清器。该滤芯的特点是滤清效果好,且便于调整、清洗,维护方便。

(3)金属丝网支架。金属丝网支架的结构简单,主要对滤芯起支撑作用。

2)空气滤清器的维护与检修

(1)纸质滤芯空气滤清器的清洁。拆下空气滤清器的滤芯,拆卸时要记住滤芯安装方向。轻轻地振动或敲打,也可用压缩空气从内侧向外吹,将内部的灰尘吹净,用毛刷刷净滤芯外部的灰尘,清除壳体内部的灰尘各异物;按拆卸的相反顺序重新装好空气滤清器。

(2)泡沫塑料滤芯空气滤清器的清洁。拧松空气滤清器壳盖螺钉,取下空气滤清器壳;拧松滤芯固定件,取下滤芯和支撑架,并使两者分离。将汽油或清洗剂倒入清洗盆中,使滤芯浸入清洗液中并轻轻地捏洗。用两手掌挤压清洗过的滤芯,将脏清洗液全部挤出,不要用手拧绞滤芯,以免将其绞裂。清洗时,应仔细察看滤芯是否断裂或龟裂。如滤芯和支撑架是固定在一起的，可将它在清洗液中浸泡10～15min，取出后将清洗液甩净。将清洗干净的滤芯表面滴几滴机油，使其略带油潮湿。用干净抹布将空气滤清器外壳擦净，并将壳体内灰尘及异物清除，再将滤芯安装在支撑架上，然后按拆卸时相反顺序安装好空气滤清器。

2. 排气系统

排气系统的作用是将发动机工作的废气排除到大气中去，并降低排气时的噪声和废气温度，消除废气中的火星，排气系统还可以提高进、排气效率，增加发动机的功率，降低油耗。

排气系统由排气管和排气消声器组成。目前摩托车使用的是把排气管和消声器焊为一体，统称为排气消声器。

根据外形特点，摩托车消声器可以分为盒式消声器和筒式消声器两种。

1) 盒式消声器

盒式消声器的特点是吸声材料布置在膨胀室的壁面，其结构如图2-9所示。

盒式消声器的消声过程：燃烧后的废气通过排气管，进入铺有吸声材料的第一膨胀室，废气经过膨胀，能量受到衰减；然后又通过中间的插入管进入第二膨胀室，废气再一次膨胀的能量再次被衰减、被吸声材料吸收；最后废气通过排气尾管排入大气。盒式消声器具有体积小、便于安装、制造成本低等优点，但清除内部的积炭和油污比较困难，一般多用于轻便摩托车上。

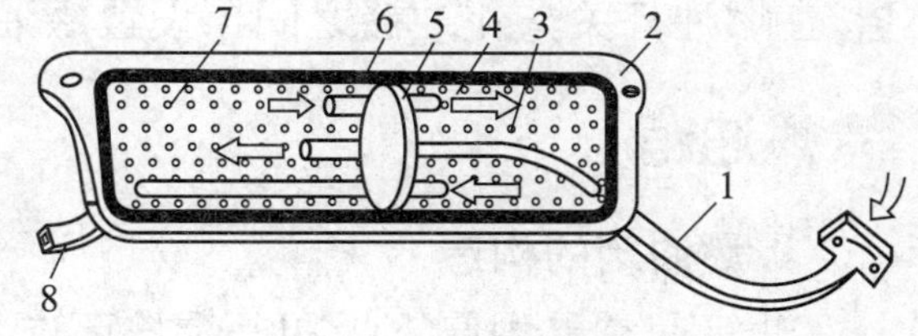

图2-9　盒式消声器

1-排气管；2-外壳；3-吸声材料；4-第二膨胀室；5-隔板；6-插入筒；7-第一膨胀室；8-尾管

2) 筒式消声器

筒式消声器呈筒体形状，一般为扩张式的抗性消声器。如图2-10所示。

筒式消声器工作过程是:废气从排气弯管进入消声器后,在通过内管的多孔管部分时,废气流被分割成许多细小的气流,在共振腔内产生共振,废气能量初步下降;再通过内管到达由隔板构成的膨胀室,废气迅速膨胀,能量进一步降低。经过两次膨胀后废气的能量已大大降低,再从排气尾管排出。

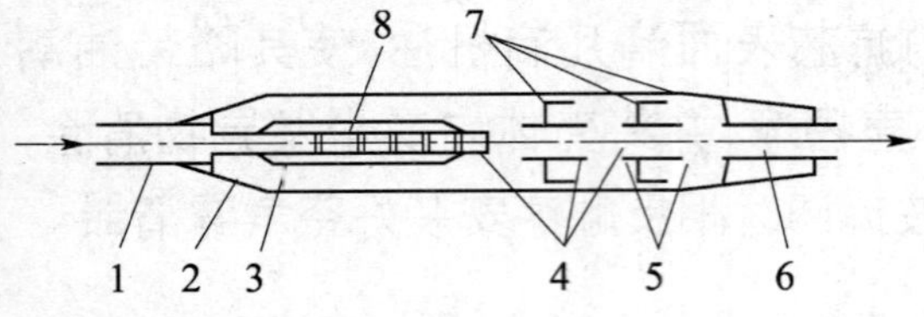

图 2-10 筒式消声器

1-排气弯管;2-主筒体;3-外管;4-内管;5-膨胀室;6-排气尾管;7-隔板;8-共振腔

第二节 燃油系统

燃油系统由燃油箱、燃油开关、燃油表、燃油泵、化油器、燃油滤清器、油管等组成。

燃油开关中均设有燃油滤清装置,为了保证进入化油器中的燃油清洁,在燃油开关与化油器之间再设置燃油滤清器。

一 燃油箱

1. 燃油箱的构造

油箱通常是由厚钢板冲压焊接而成。由于汽油的腐蚀性较强,油箱内表面均应进行镀锌等防腐处理。油箱顶部设有加油口,并盖上带有通气孔的加油口盖,这样可以防止车辆行驶中燃油溢出,又可以确保油箱内、外气压平衡,使燃油可以自然流出。

2. 燃油箱的维护

汽油有着较强的腐蚀性,胶质会部分沉淀在油箱底部。所以每行驶 5000km 或过半年要清洗 1 次油箱。

二 燃油开关

燃油开关可分为手动开关和自动开关两大类,而手动开关又分为平面导通式及阀芯导通式两种。

手动式油箱开关靠扳动手柄来控制油路的导通和闭合。

燃油自动开关的构造如图 2-11 所示。

自动开关采用的是自动负压式燃油开关，油箱开关的负压管与发动机进气管相连，发动机起动运转时，进气管中产生负压，于是作用于膜片上的大气压力克服弹簧的弹力推动膜片向右移动。在连接环的带动下，阀门随之移动，将封闭的燃油通道打开，燃油从出油口流出。当发动机熄火时，进气管中不再产生负压，膜片在弹簧弹力的推动下复位，同时推动阀门关闭了燃油通道。

三 化油器

化油器(图 2-12)的作用是将燃油箱供来的燃油雾化后与空气混合，形成均匀混合气并吸入燃烧室。摩托车用化油器有柱塞节气门式、等真空式以及闸板式等。其中，应用较广泛的是柱塞节气门式和等真空式化油器。

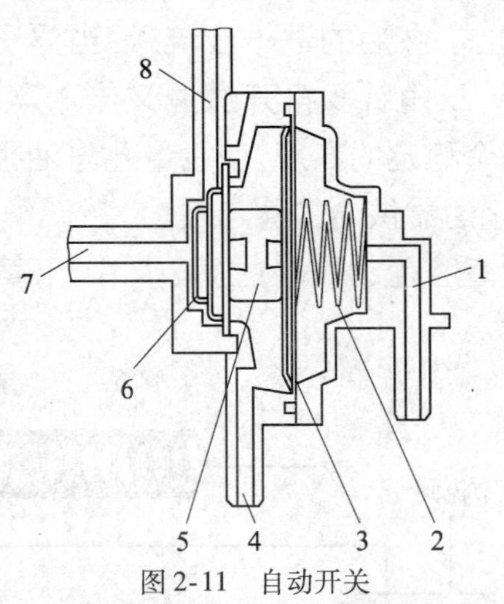

图 2-11　自动开关

1-负压管；2-弹簧；3-膜片；4-大气管；5-连接环；6-阀门；7-进油管；8-出油管

图 2-12　化油器

1. 柱塞节气门式化油器的结构

柱塞节气门式化油器的结构。它由本体、浮子室、浮子组件和柱塞油针组件组成。

(1)本体。是化油器的主要部件,化油器的主要油道和油系都在本体上。本体自上而下可以分为柱塞腔、喉管腔及油系部分。柱塞腔引导柱塞上下运动来控制进气量和供油量。喉管腔是气流主要通道,空气与燃油混合后进入汽缸。有些类型的化油器在喉管处设有阻风门。本体中的油系部分主要有进油道、主油道、怠速油道、被偿空气道以及各种加浓油道等。

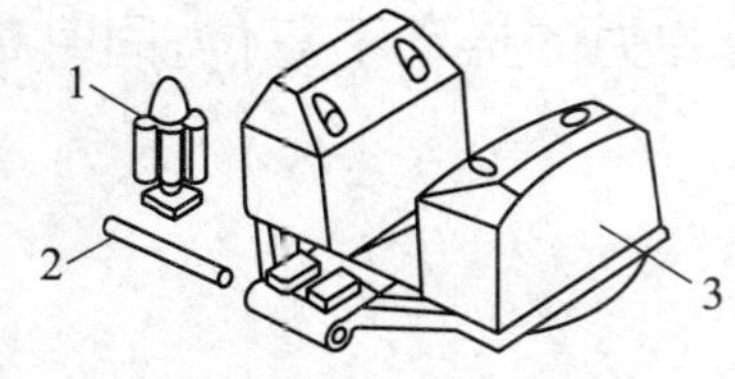

图 2-13　浮子组件

1-三角针阀;2-浮子销;3-浮子体

(2)浮子室。从燃油箱过来的油储存在浮子室中,再从主喷孔和怠速喷孔进入化油器喉管。浮子组件用来控制油平面高度的。它由浮子体、浮子销和三角针阀组成,如图2-13所示。

燃油从进油道流入浮子室,随着油量的增多,浮子逐渐上浮,同时带动三角针阀上升,当油平面达到规定高度时三角针阀正好顶住进油口,阻止了燃油的进一步流入;当浮子室内的汽油消耗掉一部分后油平面下降,三角针阀打开燃油又流入浮子室中,浮子室内的油平面始终维持在一个稳定的高度,使主量孔与油平面之间的压力差保持稳定,从而保证了化油器供油的稳定性。

(3)柱塞油针组件。包括柱塞腔盖、弹簧、柱塞、卡片、卡簧和主油针等几部分,如图 2-14 所示。

油针的调整:当化油器的供油量不适当时,会出现油量过多或过少两种情况。如果发动机长期在油量过多或过少状态下工作会引起其他的故障。柱塞节气门式化油器的主油针设计成可调节的,正常情况下,

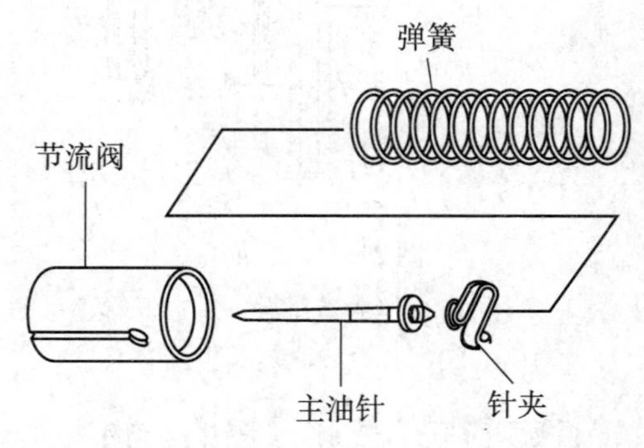

图 2-14　柱塞油针组件

摩托车出厂时主油针卡片都卡在中间格上。如果发动机供油量小时，可以将油针卡片向下移动一格或两格；若发动机供油量偏大时可以将油针卡片向上移动一格或两格。

2. 柱塞节气门式化油器的工作原理

(1)主油系工作原理。发动机的吸气行程时，空气流从喉管高速流过，在主喷口处产生一定强度的真空吸力，吸出了浮子室内的燃油，燃油在雾化管处与空气补偿孔内的空气初步混合后共同进入喉管，在喉管中被高速流动的空气打散，形成均匀的混合气后进入汽缸。当拉起节气门拉索时，柱塞升起，此时喉管处的气流流通面积增大气流量增加；柱塞带动主油针上升，进入汽缸的混合气的量增多，发动机的功率会随之增大，反之，若松开节气门钢索则会减小进气量及供油量，发动机的功率亦会随之降低。

(2)怠速油系工作原理。发动机怠速时节气门开度很小，节气门偏下部有斜面，在怠速时抵在限位螺钉上。怠速限位螺钉向里旋，则柱塞会上升，进气量和供油量加大，发动机的转速会上升；反之，发动机转速会下降。

3. 等真空式化油器的结构与工作原理

等真空式化油器包括本体、柱塞膜片组件、负压室、浮子室和浮子组件构成。如图 2-15 所示。

(1)本体。包括柱塞腔、喉管腔和油系部分。

(2)喉管腔。在喉管处有一节气阀片，在操纵时控制该阀片的开度，并不直接控制柱塞的升程。

(3)油系部分。有量孔、雾化管、喷口和油量调整螺钉等部件。

(4)柱塞膜片组件。作用是与其他零件组成负压室，控制喉口处的真空度，油针控制供

图 2-15　等真空式化油器

油量。

橡胶膜片与柱塞做成不可拆卸的整体,有利于负压室的密封。主油针做成锥形,它与主喷口形成环状截面,以通过改变环状截面积来控制化油器的供油量。发动机在工作中等真空式化油器的喉管腔负压孔用以平衡负压室内外的气压。

(5)负压室。由负压室盖、本体的一部分和柱塞膜片组件组成。

负压室分为两部分:上负压室由负压室盖和柱塞膜片组成,下负压室由柱塞膜片组件和本体组成。

橡胶膜片被紧紧地压在本体上是为了保证此处具有良好的气密性。上负压室有一个负压孔与喉管相通,下负压室与大气相通。

4. 化油器的调整与检修

化油器一般每行驶3000km要进行清洗维护,将化油器的各个零部件拆卸后用汽油进行清洗,然后用压缩空气将各油道、气道吹通、吹干净。在清洗时要将浮子室底部沉积的杂质清洗干净。

(1)浮子室的调整与检修。浮子泄漏或针阀和进油口之间不密封将会使浮子室失去作用,导致浮子室油面的高度不正确。若浮子室内的燃油高度太高,则会有过多的燃油从燃油喷嘴中喷出,导致混合气过浓,若油面高度太低,则喷出的燃油过少。通过检测和调整浮子的高度可以使燃油液面保持在合适的高度。检测时将化油器倒置,拆开浮子室底盖,用手拨动浮子使浮子带动针阀刚好将进油孔关闭,用浮子高度尺或游标卡尺测量浮子底部到浮子室盖接合平面的距离,即为浮子的高度。若所测高度不符合维修手册规定,可弯曲浮子臂上的舌片来进行调整。

(2)检查针阀的磨损情况。发现磨损明显的要予以更换。

(3)怠速调整。

①首先将空气调节螺钉右旋到底,然后左旋1.5圈。起动发动机,并转动怠速限位螺钉,将发动机转速调至规定怠速值。

②调整空气螺钉,使发动机转速达到最高。

③再次调整怠速限位螺钉,使发动机转速达到最高。

怠速调整后的检验：待发动机稳定运转后，突然加大节气门，发动机应能不熄火。如果熄火，则需要重新调整或者作进一步的检验。

第三节　润 滑 系 统

发动机的润滑系统是确保发动机各摩擦零件在各种工况下具有良好的润滑，以减少零件的摩擦与磨损，保证发动机正常运转，同时还带走摩擦表面的热量、磨屑，起冷却和清洗摩擦表面的作用。另外还有防锈、密封、缓冲等作用。

一 四冲程发动机润滑系统的结构

四冲程发动机的润滑系统主要包括机油泵、机油过滤装置和油道等部分。其中，油道分布在整个发动机的曲轴箱体、汽缸体、汽缸盖和各个轴之中。

机油泵的作用是为润滑系统提供一定压力的机油。四冲程发动机一般采用两种形式的机油泵，即齿轮泵和转子泵。转子泵由于其结构简单、体积小、供油可靠和维修方便，成为摩托车所采用的主要机油泵。

发动机工作时，通过曲轴上的减速齿轮来驱动机油泵齿轮，机油泵齿轮再带动内转子旋转。内、外转子与壳体形成吸油室和压油室两个油室，随着齿轮的转动，原来吸油室内的机油被带至压油室，并从出油道被压出。吸油室的机油排空后，产生一定的负压，又从进油口吸入新的机油。如此循环下去，机油泵就可以实现连续供油。

二 四冲程发动机润滑系统的原理

润滑系统的润滑油路主要按以下路径流动：

(1)机油从机油泵泵出，经过曲轴箱内的油道，沿着油道上行至汽缸盖罩，并从汽缸盖罩中飞溅而出，润滑汽缸盖上的配气机构，之后从推杆室回落至曲轴箱。

(2)机油从机油泵泵出,沿着曲轴箱的油道行进,流入变速器的主轴和副轴油孔中,对变速器的齿轮副进行润滑,之后机油流入曲轴箱。

(3)机油从机油泵泵出,通过曲轴箱的油道进入曲轴油道。机油首先要经过离心滤清器,经过过滤后才能进入曲轴油道。机油首先对曲轴轴承和连杆大头轴承进行润滑,然后被高速旋转的曲轴飞溅至活塞、活塞销和汽缸壁上对这些机构进行润滑,最后回落到曲轴箱中。

三 四冲程发动机润滑系统的维护与检修

(1)检查机油量和油质,测量时不要将油尺螺纹旋入箱体中。

(2)机油泵的检修。为使机油泵工作正常,必须保证各个部位密封可靠。在检修时主要对机油泵内外转子之间的间隙、外转子与机油泵壳体之间的间隙以及转子端面间隙进行检查,如果测得结果超出标准尺寸与极限尺寸,应更换。

第四节　冷却系统

发动机运转时,与高温高压燃气接触的零部件受到强烈地加热,如果不加以适当的冷却,会使发动机过热,充气系数下降,燃烧不正常(早燃、爆震),机油变质和烧损,零件的摩擦和磨损加剧,引起发动机的动力性、经济性、可靠性和耐久性全面恶化。发动机的冷却系统根据所用冷却介质的不同,分为风冷发动机和水冷发动机。摩托车发动机采用风冷式的居多,这使得摩托车发动机结构简单,质量轻,使用维修方便,避免了水冷发动机常见的故障源,工作较为可靠,同时风冷发动机起动快、暖机快、汽缸磨损量较小。

一 风冷发动机

风冷发动机是利用高速空气流直接从汽缸体和汽缸盖外表面流过,

把从汽缸内部传出来的热量吹散到大气中去，以保证发动机在较有利的温度范围内工作。它的冷却系统包括风扇、导风罩和散热片等几部分。

1. 风扇

强制风冷型发动机的风扇普遍采用离心式风扇，用尼龙制成，可以减轻质量，减小噪声，降低成本。

2. 导风罩

导风罩由塑料件制成，覆盖在发动机汽缸盖及汽缸体周围并与之保留一定的空隙，以供气流通过。一般的风罩都是组合式的，几部分分别固定在发动机上，之后形成一个完整的进气道。在正对风扇处设有进风口，进风口处设有网格，可以阻挡住较大的异物。

3. 散热片

散热片布置在汽缸体与汽缸盖上并且其叶片方向与气流方向一致，这样可以减少空气流动阻力，增加冷却效果。

二 水冷型发动机的结构与原理

1. 水冷系统的结构

水冷即以水为吸热介质，带走高温零件的热量，降低它们的温度，并将热量散发到大气中。水冷系统包括水箱、水泵、水套、风扇、节温器和散热器等。

(1) 散热器。散热器与水箱之间通过虹吸管连接，散热器有进水口和出水口，进水口处有散热器盖，出水口处有温控开关，用以控制风扇电动机。散热器中设有许多散热片。散热器处于摩托车的正迎风面上。把高温水从发动机带来的热量散发到空气中后成为低温水。

(2) 水泵。水泵是水循环的动力来源，它由发动机带动，一般采用离心式水泵。

(3) 水套。水套是水与高温零件交换热量的地方，它一般布置在汽缸体和汽缸盖周围。

(4) 风扇。风扇用来冷却散热器。当散热器出水口的温度低于规定值时,风扇不工作;当散热器出水口的温度超过规定值时,位于出水口的温控开关接通,使风扇电动机的电路闭合,电动机就会带动风扇旋转对散热器进行冷却。

(5)节温器。水套中出来的水流入节温器,节温器中有阀门,可以根据水温来控制循环的水路。

2. 水冷系统的工作原理

散热器中的低温水经水泵压入水套中,与高温的汽缸体、汽缸盖交换热量后,变成高温水,并流入节温器。这时根据水温的高低,水路有两种循环方法。

(1)如果水温低于规定值,则节温器的阀门关闭,从水套中流入的水从低温出水口流入散热器,参与循环,低温出水口的截面积很小,所以此时循环水的流量很小。

(2)如果水温高于规定值,热膨胀体感受水温,发生膨胀,阀门向下移动。这样,阀门打开,水从高温出水口和低口、节温器壳热膨胀体温出水口同时流向散热器,流量变大,冷却效果也加强。高温水流入散热器后,水温度降低,流回水泵重新循环。在散热器出口处有温控开关,若水温超过规定值,则风扇电动机会驱动风扇加强对散热器的冷却。

三 风冷系统的维护

(1)风冷型发动机应及时擦净汽缸盖和汽缸体散热片上的油污及杂质。

(2)检查导风罩和风扇是否有破损,如果破损较严重,要更换新的零件。

(3)经常检查风扇的固定螺钉是否松动,若有松动,应及时予以紧固。

四 水冷系统的维护与检修

1. 冷却液的选用

水冷系统用的冷却介质是蒸馏水和冷却原液相混合后形成的冷却

液，它不但具有冷却作用，还具有防锈和防冻的作用。应根据说明书的规定，选用冷却液，不要用自来水，以免形成水垢。

2. 冷却液的液面检查

水冷摩托车水箱上有上下限的水位标记，水位平面应位于上下限之间，如液位过低，应添加与原来相同的冷却液。

3. 冷却液的更换

在发动机冷机以后，打开散热器盖。

(1) 拧下冷却液释放螺钉，放出冷却液。

(2) 放净冷却液后重新拧紧释放螺钉。

(3) 将冷却液从散热器盖孔处慢慢注入，使液面保持在孔的边缘。

(4) 起动发动机保持怠速运转，等循环水路中的气泡从散热器盖孔处冒净后，将发动机熄火。

(5) 重新将冷却液加满至散热器盖孔的边沿。冷却液是有毒的液体，千万不可以饮用；如果粘在皮肤上，要及时用清水洗净；如果粘在车体上，要及时擦净。

4. 节温器的阀门的检修

(1) 取下节温器总成打开节温器盖，取出节温器。观察常温下节温器阀门是否有打开的现象。如有，应更换新的节温器。

(2) 检查节温器的开启温度、全开温度和全开升程。一般的开启温度为 80 ~85℃，全开的温度为 90 ~95℃。

(3) 检验方法：将节温器悬置于热水之中。将水加热至开启温度并保持，观察阀门的开启情况；再将水加热至全开温度，测量阀门的升程是否达到规定值。

第三章　传动部分

根据道路状况和行驶的需要，把发动机输出的动力或输出的转速经过一定比例的变化，增大转矩或降低速度后传递给驱动轮，驱使摩托车行驶。

传动部分主要由离合器、变速器、二次传动装置等组成。

第一节　离　合　器

为了适应复杂的道路情况，发动机的工况和驱动轮转矩的不断变化，经常需要切断或接合发动机的动力。离合器的作用就是平稳地切断和接合发动机的动力。

离合器有手操纵湿式多片离合器、自动离心湿式多片离合器及自动离心干式蹄块离合器。

一　手操纵湿式多片离合器

手操纵是指离合器的接合与分离是通过手放松与握紧离合器手把来控制；湿式是指离合器浸在机油中工作，使离合器具有较好的耐磨性与散热性；多片是指摩擦片数较多（一般为3～8片）。手操纵湿式多片离合器（图3-1）具有工作可靠、分离和接合时圆滑无冲击、噪声低、径向尺寸小、耐热及耐磨性能好等优点；缺点是轴向尺寸较大，工作时动力消耗多，且机油发热。

1. 手操纵湿式多片离合器组成

（1）主动摩擦片。主动摩擦片的表面凹凸有秩序，是为了增加它与从动摩擦片的摩擦力。外伸的凸缘与主动齿盘啮合，接受其上传递的

动力。

(2)从动摩擦片。从动摩擦片一般为钢片,里圈有齿,与从动齿盘相啮合;端面与主动摩擦片相接触,传递转矩。

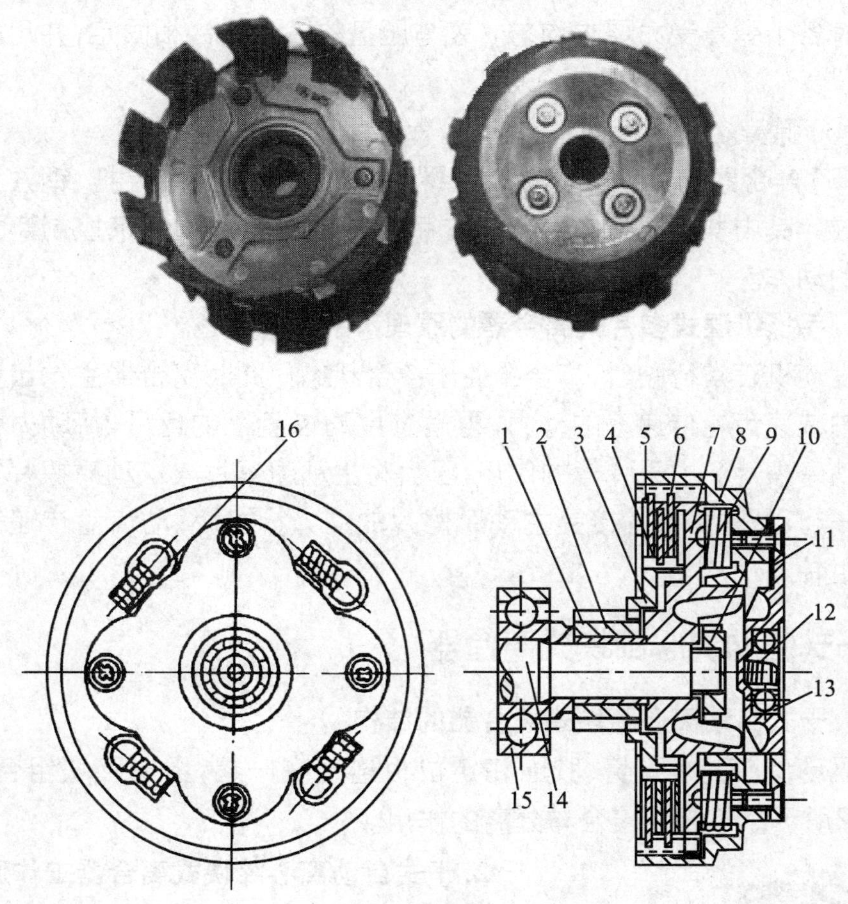

图3-1 手操纵湿式多片离合器

1-轴套;2-主动齿轮;3-主动齿轮外套;4-离合器上板;5-弹性挡圈;6-离合器下板;7-主动盘;8-离合器外罩;9-离合器弹簧;10-圆螺母;11-端盖;12-通油套管;13、15-轴承;14-曲轴右半部;16-减振弹簧

(3)压盘。压盘的作用是在离合器弹簧的作用下,压紧离合器的摩擦片。当需要分离离合器时,从推盘过来的力推动压盘,使它放松对摩擦片的压力,从而切断离合器的动力输出。

(4)从动齿盘。从动齿盘的齿轮与从动摩擦片互相啮合,接受动力,并通过花键将动力传至变速器主轴。

(5)推盘。推盘的作用是推动离合器压盘以分离离合器。分离离合器时各个弹簧受力要求均匀。它与压盘的各个凸台相固定,并用弹簧张紧。

(6)弹簧。对压盘产生压紧力,保证发动机的动力传递。

(7)离合器的操纵机构。离合器的操纵机构由操纵握把、钢索和凸轮组成。其中操纵握把在摩托车左手把的前面通过钢索来控制离合器凸轮的动作。

2. 手操纵湿式多片式离合器的原理

发动机正常行驶时,离合器处于接合状态。此时离合器主动齿盘接受曲轴减速齿轮传递来的动力,再通过主动齿盘上的盘爪,将动力传递给主动摩擦片。由于弹簧的作用,压盘将主动摩擦片与从动摩擦片紧紧压在一起,从动摩擦片接受主动摩擦片的动力,通过从动齿盘传递给变速器主轴。

二 干式自动离心蹄块式离合器

1. 干式自动离心蹄块式离合器的结构

驱动盘、蹄块、弹簧、胶圈和定位板连接在一起,组成蹄块组合,如图3-2所示。它起到接合与分离的作用。

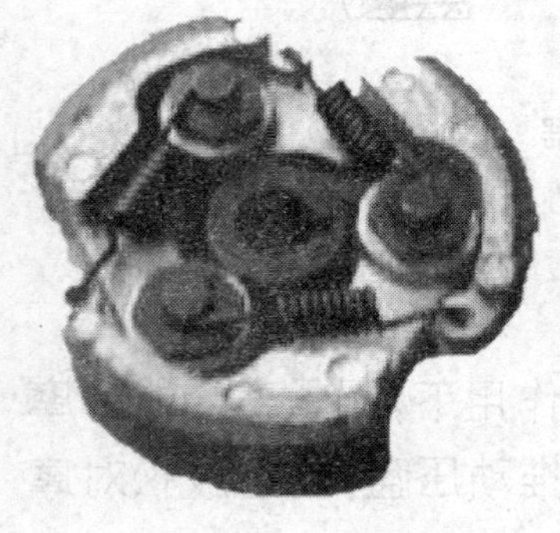

图3-2 蹄块组合

2. 干式自动离心蹄块式离合器工作原理

当发动机的转速低于规定值或处于怠速状况,蹄块的离心力不足以克服弹簧的拉力,因此蹄块上的摩擦片不与离合器的外壳接触,不能传递转矩,此时离合器处于分离状态。当发动机的转速高于规定值时,传动带带动从动轮组旋转,从动轮组再带动蹄块组合旋转,此时蹄块的离心力能够克服弹簧的拉力而向外甩出，蹄块上的摩擦片与离合器外壳相接触而产生摩擦，将动力传递至后减速器。这种离合器基本上是和带式无级变速机构配合使用的。

三 自动离心湿式多片式离合器

1. 自动离心湿式多片式离合器的结构

自动离心湿式多片式离合器的结构如图 3-3 所示。

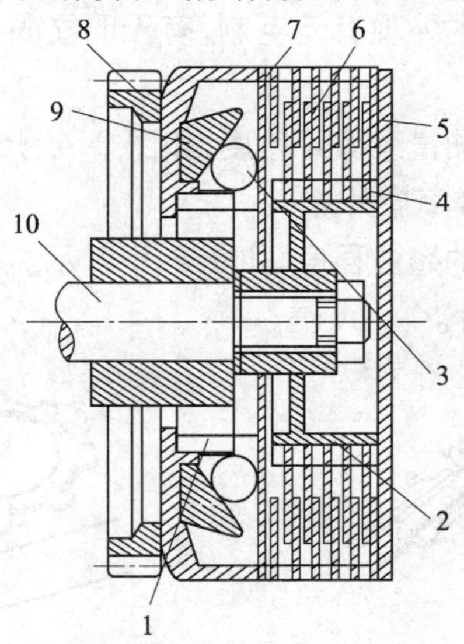

图 3-3 自动离心湿式多片式离合器

1-拉簧；2-从动齿轮；3-钢球；4-从动摩擦片；5-压限位片；6-主动摩擦片；7-压板；8-起动齿轮；9-主动轮；10-变速器主轴

2. 自动离心湿式多片式离合器的工作原理

当发动机的转速达到规定的速度时，由于离心力的作用，钢球沿着导轨向外移动，迫使压板压向摩擦片，并使主动摩擦片和从动摩擦片紧紧压在一起，产生较强的摩擦力，从而传递转矩。

当发动机的转速低于规定转速时，钢球的离心力下降，压板在拉簧的作用下，向左移动。这样，主动摩擦片与从动摩擦片之间产生间隙，离合器处于分离状态。

四 手操纵湿式多片式离合器的维护和检修

1. 离合器间隙的调整

离合器间隙是指在操作离合器时,从握住握把开始到感觉出钢索的抵触力大时,握把外端移动的距离。这段距离一般为 10 ~20mm。如果间隙值过大或过小,可以通过调整钢索上的螺母来调节。

2. 离合器摩擦片的检修

(1)检查摩擦片的外观有无毛刺,有无明显破损。如果有就需要更换摩擦片。

(2)用游标卡尺测量摩擦片厚度,如图 3-4 所示。若测得的尺寸小于极限值,则需要更换摩擦片。

(3)测量摩擦片的翘曲程度,如图 3-5 所示。如果实测值超过极限值,就需要更换摩擦片。

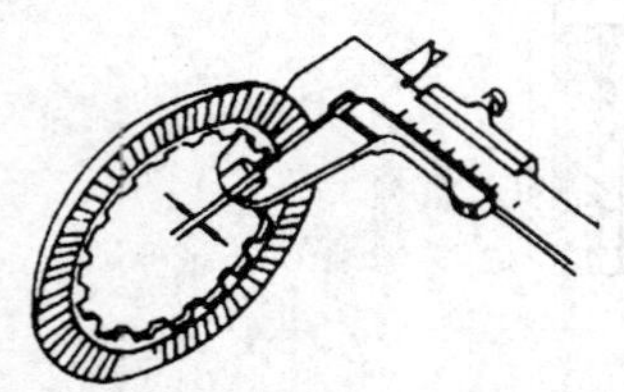

图 3-4 检测摩擦片厚度

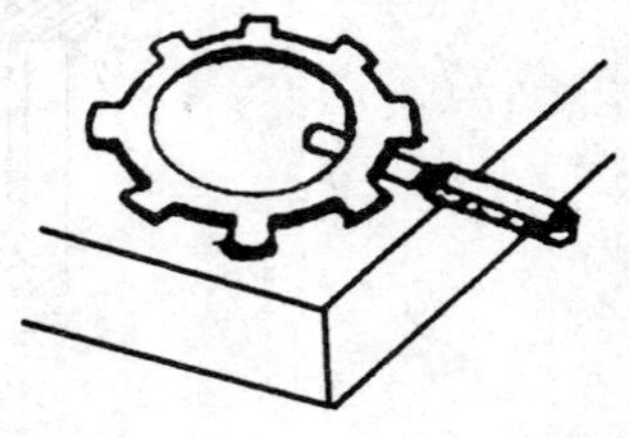

图 3-5 检查摩擦片翘曲

五 离合器的常见故障原因

1. 离合器分离不彻底

造成的原因主要有:空气进入液压系统,离合器油液不足,液压系统泄漏或阻塞,离合器片变形。

2. 离合器打滑

造成的原因主要有:离合器提升机构卡死,摩擦片磨损,弹簧的弹力减弱,手把的自由行程过小,调整螺钉紧固过度(离心式离合器)。

3. 离合器手把过紧

造成的原因主要有：离合器钢索有锈蚀或损坏，钢索未通过正确的位置，活塞卡死（液压式离合器），杂质混入造成液压系统阻塞（液压式离合器）。

第二节 变 速 器

摩托车在行驶中必须适当地变换输出的转速和转矩来适应不同路况的要求。变速器就是一种通过改变传动比来改变摩托车行驶速度和转矩的装置。

摩托车变速器分为有级变速器和无级变速器两大类。

一 齿轮常啮合式有级变速器的结构与原理

齿轮常啮合式有级变速器分为两部分，即变速机构和变速控制机构。

1. 变速机构结构

变速机构包括变速器主轴（图3-6）和变速器副轴（图3-7）两根轴，通过轴承安装在曲轴箱内。主轴的右端用花键与从动减速齿轮连接，曲轴上的离合器齿轮与之啮合，形成一级减速机构。发动机的动力经离合器齿轮、从动减速齿轮传到主轴。副轴的左端装有主动链轮，发动机的动力由主动链轮通过链条传递给装在后轮上的从动链轮，从而驱动车辆前进。齿轮常啮合式有级变速器一般有2～6个挡位。

图3-6　变速器主轴

图3-7　变速器副轴

2. 变速机构的工作原理

变速器的主、副轴共有 4 对齿轮,通过齿轮间不同的啮合关系,可以有空、一、二、三、四种挡位。在空挡时,各个挡位之间的主从动齿轮虽然啮合,但并不传递动力。一挡时拨叉拨动三挡从动齿轮使它的凸爪与一挡从动齿轮的孔啮合,从而将一挡的传动比通过三挡从动轮传递给副轴。以此类推,在二挡时,拨叉将四挡主动轮拨向二挡主动轮;三挡时拨叉将四挡主动轮拨向三挡主动轮;四挡时拨叉将三挡从动轮拨向四挡从动轮。通过上述的分离、啮合过程可以适当地改变主轴和副轴的传动比。

3. 变速控制机构

变速控制机构包括变挡踏杆、变挡轴、变速鼓、拨叉、拨叉轴、星形定位轮和限位片。

变挡踏杆位于左曲轴箱,外拨叉、拨叉轴和变速鼓在曲轴箱中,变挡轴的主要工作部分、星形定位轮和限位片安装于右曲轴箱内。

4. 变速控制机构的工作原理

变速控制机构的作用是使拨叉适时地拨动变速齿轮到适当的位置。操作时一般是用脚控制变挡踏杆,变挡踏杆带动变速轴转动,使换挡臂拨动星形定位轮转动到一个新的位置后,在复位弹簧的作用下,变挡轴回到初始位置。星形定位轮的转动会带动变速齿轮。循环挡是指在操作时变挡踏杆可以沿一个方向一直踏,一般向前踏的挡位顺序是空、一、二、三、四挡。

二 无级变速器结构与原理

无级变速器往往用于踏板车上,与干式自动离心蹄块式离合器配合使用。它的特点是传动平稳、噪声小、操作简便、维修容易。

1. 无级变速器结构

无级变速器结构如图 3-8 所示。

由安装在曲轴上的主动变速带轮,安装在后传动箱上的从动变速带轮和两者之间的V带组成，曲轴上的主动带轮主要由固定带盘、活动带盘和离心滚子组成。传动箱输入轴上的从动带轮主要由固定带盘、活动带盘及离合器从动盘组成。

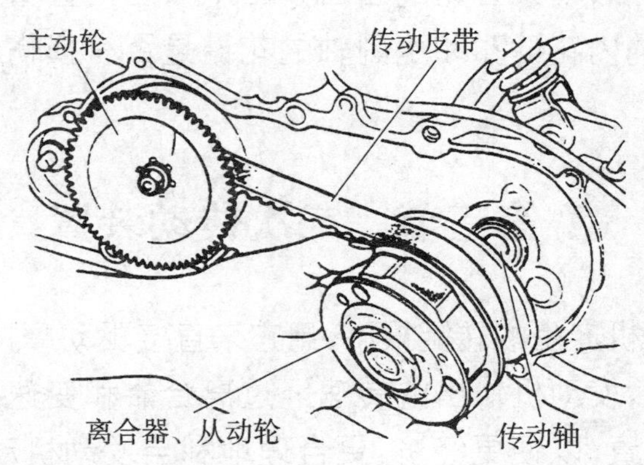

图3-8 无级变速器

2. 无级变速器的工作原理

当发动机转速升高时，离心滚子的离心惯性力加大，则离心滚子沿斜面向外滚动，其轴向分力使活动带盘向右移动，迫使V带向远离曲轴方向移动，则摩擦半径增加。由于V带长度一定，所以在从动带轮上，V带只有向靠近轴心线方向移动，则摩擦半径减小。传动箱输入轴的转速升高，则车速也提高。当发动机转速下降时，离心滚子的离心惯性力减小，V带的张力减弱，则从动带轮上的活动带盘在弹簧的作用下向左移动，迫使该处V带向远离轴心线的方向移动，传动箱输入轴的转速相应降低，则车速也下降。

三 齿轮常啮合式有级变速器的维护与检修

1. 齿轮常啮合式有级变速器的维护

(1)正确选用挡位。可以避免产生齿轮间的冲击，有效地发挥发动机的功率，节约燃料。

(2)换挡平顺。切断离合器时,要迅速果断;接合离合器时,要缓慢柔和,这样可以减轻齿轮之间的冲击。切忌:不要用离合器突然加减挡。

(3)注意检查变速器内的机油量是否充足。

2. 齿轮常啮合式有级变速器的检修

分解变速器后,观察齿轮的齿面和凸爪有无严重磨损或破损;拨叉是否翘曲;齿轮的内花键孔和主副轴的花键是否有损伤;其他部分有无损伤。

第三节 二次传动装置

摩托车发动机产生的转矩很小,用它来直接驱动摩托车前进就显得动力不足。因此,发动机输出的转速经过离合器和变速器变速后,还应增加一个减速装置,以便更经济、更合理地利用发动机动力。通常将最后一级减速装置称为二次传动装置,传动方式一般有链传动、齿轮箱式传动、轴传动和齿轮传动。

一 链传动的结构与维护

链传动结构简单,机械零件少,制造和检修都很方便。

1. 链传动的组成

链传动由链条、主动链轮、从动链轮等组成,如图 3-9 所示。

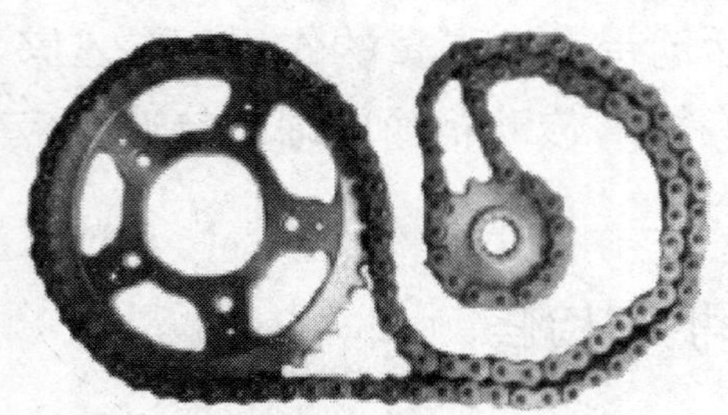

图 3-9 链条、主动链轮、从动链轮

2. 链传动的维护

(1)传动链条及链轮上黏附泥土或缺油,会使链条及链轮的寿命缩短,应经常清洗、润滑,一般每 2000km 进行一次。

(2)链条及链轮的清洗方法:将链条及链轮放入洗涤油或煤油中,洗掉链条及链轮上的污物,充分干燥后将齿轮油涂到链条上。

(3)安装链条时应注意锁片的开口应背向链条的运动方向。

3. 链条的松紧度的检查和调整

(1)关闭摩托车主开关,将变速器置于空挡,用主停车支架支起车体。

(2)拆下开口销等防松装置,松开后车轮轴螺母。

(3)旋转后车轮轴左、右两侧的调整螺栓或调整螺母,使链条松紧度在规定范围内。对采用凸轮式调节器的,则转动调节板进行调整。

(4)将左、右后车叉的尾端调在同一刻度位置。

(5)拧紧锁紧螺母,并拧紧后车轮轴螺母至规定力矩值。重新检查链条的松紧度后,装上开口销等防松装置。

(6)检查调整后的制动踏板自由行程。

(7)检查主动链轮和从动链轮的齿形,如发现链轮的齿形有明显的磨损,则更换新件。

二 带传动的结构与维护

摩托车采用V带传动方式,结构简单,又能获得无级变速,且传速平稳。由于V带传动靠摩擦传递动力,传动中带与带轮之间有相对滑动,因此,带传动有工作可靠性差、传动比不稳定、传动效率低等缺点。

1. 带传动的组成

带传动由V带、主动带轮、从动带轮等零件组成。

2. 传动带的维护

(1)应及时清除传动带上水分及油污等。这些异物都会引起传动带打滑,降低传动带的传动效率,并加速传动带工作表面的磨损。

(2)传动带是橡胶制品,要避免其与燃油、润滑脂接触,以免受到腐蚀,引起传动带老化、失效。

(3)传动带使用后会逐渐伸长变松,使传动带打滑,磨损加剧。而传动带过紧时,其受到拉力过大,工作温度过高,加剧传动带老化,并影响行车性能。传动带的松紧度以传动带正好搭在距离从动带轮边缘

2 ~3mm 内的位置为合格。

三 轴传动

用齿轮轴将发动机输出的动力传递到后轮上,这种传动方式称为轴传动。这种传动方式具有结构紧凑、噪声小、强度高等特点。但各零部件制作和安装精度要求较高,因此制造困难、成本高。另外这种传动方式与齿轮传动方式一样均是固定传动比,不能充分发挥发动机的功率,故应用不太广泛。

四 齿轮传动

齿轮传动主要是指以齿轮结构为主,并由齿轮和链条共同组成的传动系统,因为它安装在一个封闭的机箱内,因此称它为齿轮传动。齿轮传动具有结构紧凑、传动效率高、使用寿命长的优点,但它不适合大中心距的传动,仅用于小型轻便摩托车。

第四章 操纵控制部分

操纵控制部分的作用是控制行车方向、行驶速度、制动、照明和信号等。它包括转向把操纵总成、制动总成和起动装置。

第一节 转向把操纵总成

一 转向把

转向把的作用是操纵前轮,使摩托车按一定方向行驶。转向把安装在上连接板的两个有半圆形槽的安装座内,上面盖有带半圆形槽的固定盖并用螺栓固定。当转向把绕方向柱左右转动时,上、下连接板随之转动,并通过前减振器带动前轮左右转动。在转向把的右端装有控制节气门握把和前制动闸把;左端装有橡胶手把和离合器闸把。有些无手操纵离合器的轻便摩托车则装有后制动闸把;另外左、右两端还装有后视镜和一些电器开关。

二 转向柱

转向柱组合由转向柱、上连接板、下连接板和推力球轴承等组成,转向柱的上、下部都装有能承受轴向载荷的单向推力球轴承。轴承由紧圈、松圈和钢球组成,装配时,紧圈装在转向柱的轴颈上,松圈装在车架立管的轴承座内,钢球装在紧圈与松圈之间的滚道上。紧圈、松圈不能倒装,且必须在钢球上均匀地涂上适量的润滑脂。轴承上部还装有防尘罩,防尘罩的上部还装有调整螺母,用它来调整推力球轴承的松紧程度。

三 转向把总成的维护与检修

(1)检查轴承内外圈及滚珠的磨损情况,如有必要则更换新件。滚珠更换时一定要全部更换,切不可新旧混用。

(2)检查方向把与上连接板安装部位的防滑花纹是否有效,转向把与转向柱的锁紧是否完好。

(3)推力轴承的检查与调整。

①调整螺母松动,造成轴承间隙过大,行驶中转向把出现抖动现象,影响行驶的稳定性和安全性。

②轴承损坏或调整螺母拧得过紧,会出现转向把转动阻力过大甚至卡滞的现象,造成操纵困难以至失控,影响行车安全。

③轴承松紧检查:将车辆用主支撑架支起并使前车轮悬空,摇动前叉或前减振器,检查轴承是否松动;左、右转动转向把,检查轴承是否灵活。轴承过紧、过松都应调整。

④轴承调整方法:先松开方向柱锁紧螺母,转动调整螺母的同时检查轴承的松紧度,直至正常,然后重新拧紧方向柱上方的锁紧螺母。

四 操纵钢索的维护

操纵钢索由钢丝绳、接头及金属弹簧、塑料软管等组成。

为了保证操纵钢丝绳能够可靠地工作以及延长其使用寿命,定期的清洗和润滑操纵钢丝绳。根据操作方法,润滑可分为浸泡润滑和滴注润滑。

1. 浸泡润滑

将整套操纵钢丝绳浸泡在煤油中,并同时往复拉动钢丝绳,以清洗出软管内的杂物。将整套操纵钢丝绳浸入煤油与润滑油按规定配制的混合油中,同时往复拉动钢丝绳,使混合油流入软管内。取出操纵钢丝绳,并擦净外面的混合油。

2. 滴注润滑

用透明胶带缠绕在操纵钢丝绳的金属弹簧塑料软管端部，并形成管状，将缠有胶带一端举高，并将拉丝头抽出。用油壶将润滑油缓慢注入软管中，直到钢丝绳下端滴油为止。管状胶带所起的是漏斗作用，如没有透明胶带，也可参照上述方法直接向软管中滴注润滑油。

第二节 制 动 器

制动器的作用是给摩托车施加一个阻止其转动的力矩，达到减速直至停车的目的。一般摩托车的前轮制动器用手操纵，后轮制动器靠脚操纵，也有用手操纵的后制动器。

摩托车制动器一般分为鼓式制动器和盘式制动器两种。

鼓式制动器结构简单，制造成本低，广泛用于中小排量的摩托车上；盘式制动器的制动转矩大，散热性和制动稳定性好，但是结构复杂，制造成本高。

一 鼓式制动器

1. 鼓式制动器的组成

鼓式制动器由摩擦片、制动凸轮、支撑销、制动蹄、制动鼓、复位弹簧等零件组成，如图 4-1 所示。

图 4-1 鼓式制动器

2. 鼓式制动器工作原理

制动鼓随车轮一起转动，制动蹄在复位弹簧的作用下，一端紧靠支撑销，另一端紧靠制动凸轮。制动臂安装在制动凸轮的花键上，在制动操纵钢索或制动拉杆的作用下，带动制动凸轮一起转动，制动凸轮转动使制动蹄张开向转动的制动鼓产生制动力。

3. 鼓式制动器的维护和检修

(1)鼓式制动器的维护。鼓式制动器在使用过程中受力较大，应定期紧固所有紧固件,并在需润滑部位加注润滑脂。

(2)鼓式制动器的调整。如果重新安装制动器或各零部件有磨损时,应当对制动器进行调整,以获得最佳的工作状态。调整方法:

①检查其自由行程。手操纵式制动器自由行程为 10 ~20mm,脚操纵式制动器自由行程为 20 ~30mm,自由行程不当应进行调整。

②自由行程过大,则顺时针旋入调节螺母;自由行程过小,则逆时针旋出调节螺母。

③调整后,必须保证调节螺母的弧形槽与制动臂销的圆柱面相贴合。

反复操作制动器几次,检查制动是否有效,以及放松后车轮能否灵活转动。

(3)鼓式制动器的检修。

①制动鼓内孔表面,用游标卡尺测量制动鼓内孔尺寸,若超出标准尺寸 0.5 ~0.7mm,则更换新件。

②制动蹄摩擦片。当摩擦片厚度小于 2mm 时,要及时更换新的制动蹄;制动蹄摩擦片与制动鼓内孔表面的接触面积应达到 70% 以上。若接触不良,则应修磨,方法如下:在制动鼓内孔表面薄薄地涂上一层颜料将制动器和轮毂装在同一轮轴上,扳动制动臂,使制动蹄摩擦片与制动鼓既能相互接触又能相对转动;旋转数周后,取下制动器,根据摩擦片上着色情况用锉刀修磨摩擦片。边修磨、边检查,直到接触面积增大到 70% 以上为止。

二 盘式制动器

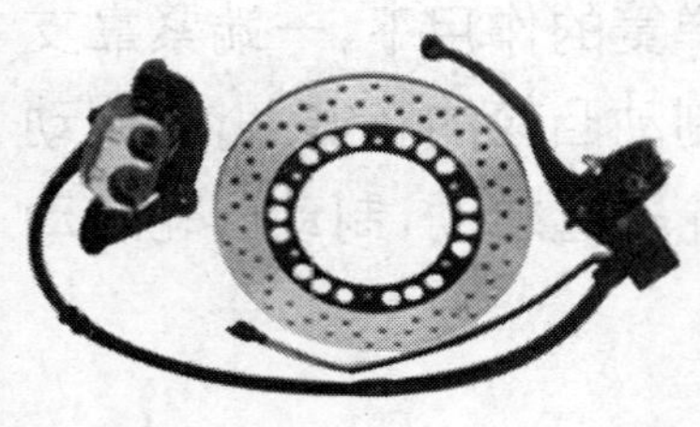
图 4-2 盘式制动器

目前在摩托车上多数采用液压盘式制动器。液压盘式制动器一般由制动握把(制动踏板)、制动主油缸、储油缸(前制动中储油缸与制动主油缸一般制为一体)、制动钳、制动盘、制动油管等组成,如图 4-2 所示。

1. 盘式制动器的结构

盘式制动器的制动钳与前叉导向管固定在一起，是制动装置的固定部分。制动盘与车轮固定在一起，随车轮旋转，是制动装置的旋转部分。油管的一端接制动钳上主油缸，内部充满液压油。制动钳由两个油缸组成，每一个工作油缸前端顶着一块方形摩擦片。

2. 盘式制动器的工作原理

当踏下制动踏板或握紧手控闸把时，活塞移动，推动液压油沿液压油管流入制动钳的两个工作油缸。在压力油的作用下，工作油缸推动摩擦片向制动盘靠近，使两边的摩擦片和制动盘的两端全面贴合，直至将制动盘紧紧地钳住产生很大的摩擦阻力，迫使车轮停止转动。放松制动踏板或手控闸把时，油路中的压力迅速降为零，工作油缸带动摩擦片恢复原位，解除制动。

3. 液压盘式制动器的维护

(1) 检查制动液储量及品质，不足时应加入同种牌号、置于密封容器中的洁净制动液。

(2) 全面检查油管、油管接头、油管安装螺栓、制动灯开关等部位是否有损伤、漏油等情况，如有则及时修复或更换新件。

(3) 检查制动盘及制动摩擦片的磨损情况，若超出磨损极限则更换新件。

4. 液压制动管路中空气的排除

当储油缸液面很低时使用制动系统，都有可能使空气进入液压管路中，从而使制动握把松软，制动失灵。液压系统的排除空气方法下：

(1) 将一根透明的塑料管接在制动钳体的放气阀上，并拧紧，以防制动液喷出。在塑料管的另一端放置一容器，以储存制动液。

(2) 握动制动握把几次，然后在握紧制动握把时，松开放气阀螺钉，让制动液和气泡流出。

(3) 部分制动液及气泡排出后，在制动握把到达极限位置前，拧紧

放气阀螺钉。

(4)重复进行,直至排出的制动液中无气泡为止。

操作中要注意观察储油缸中液面高度,及时补充制动液,保持液面在规定范围内,以防因储油缸液面太低而使空气再次进入液压管路之中。

5.制动盘和制动油管的检修

(1)制动盘与车轮的连接应牢固。制动盘由螺栓紧固在车轮上,每个螺栓均有锁片防松。

(2)用百分表检查制动盘的端面圆跳动,制动盘的端面圆跳动不得超出限值。如果圆跳动值太大,制动摩擦片与制动盘的间隙就无法保证,会出现制动摩擦片与制动盘磨损剧烈,以及车轮转动阻力太大等问题。

(3)制动盘的两个工作表面应光洁无明显刮伤。

(4)制动油管各个接头应密封、无泄漏,油管应有一定的柔性。检查油管外表面如有泄漏、老化、严重划伤等现象,立即更换新件。

第五章 行车部分

行车部分使摩托车构成一个整体,支撑全车质量,并将传动系统传来的转矩转换成驱使摩托车行驶的牵引力,同时承受和缓冲路面给予的各种作用力,使摩托车在不同的路面上平稳且安全地行驶。

行车部分主要包括车架总成,前、后减振器及前、后车轮。

第一节 车 架

车架是摩托车的骨架,它将发动机、传动系统、悬架装置、转向装置、车轮等有机地连接起来,构成一个整体。它不但承受着发动机及其他部件的质量,在行驶中还要受到冲击振动。

从车架的组合结构形式来看,分为两大类:一种是由多个简单零件通过一定的工艺(焊接、铆接等)组合成一个空间框架型结构体,即空间结构型车架;另一种是以一个主梁为主体骨架,再加上一些辅助安装件组合而成的主梁结构型车架。

一 空间结构型车架

空间结构型车架如图5-1所示。

这种车架属跨接式空间结构型,它的下梁从车头管一直伸到发动机的曲轴箱前端,使曲轴箱构成车架的一部分。这种车架强度高、刚性好,但质量大,要求发动机箱体的强度和刚度也要好,多用于发动机功率较大的摩托车。为了进一步提高车架的强度和刚度,一些功率大、车速高的摩托车则采用两根托管作为下梁的双托架型车架。

二 主梁结构型车架

主梁结构型车架结构简单、工艺简便、质量轻,但承载能力较弱,多适用于发动机功率不大的摩托车和轻便摩托车。

1. 主梁结构型车架

主梁结构型车架如图 5-2 所示。

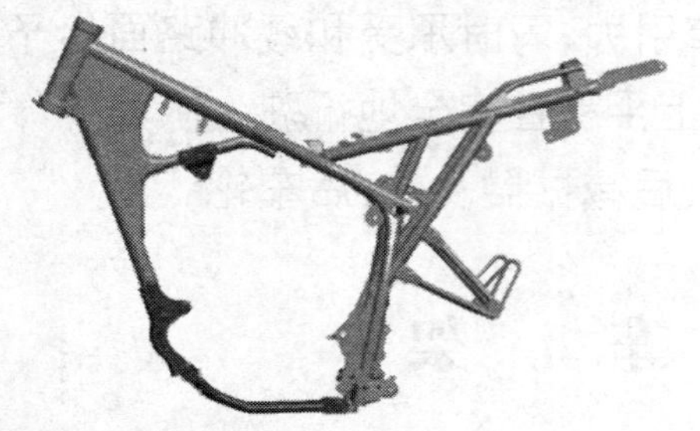
图 5-1 空间结构型车架

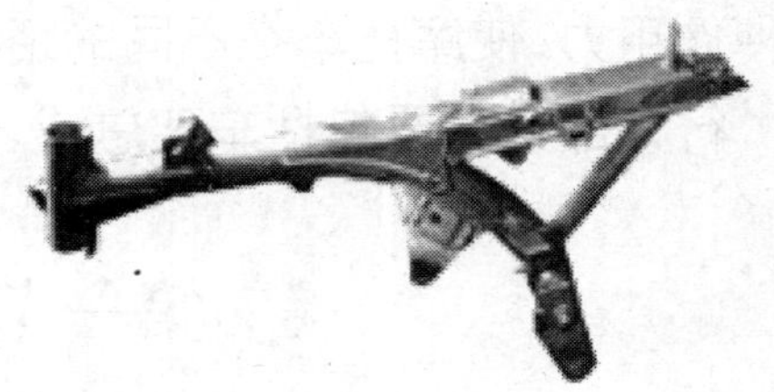
图 5-2 主梁结构型车架

2. 主梁摇臂型车架

主梁摇臂型车架如图 5-3 所示

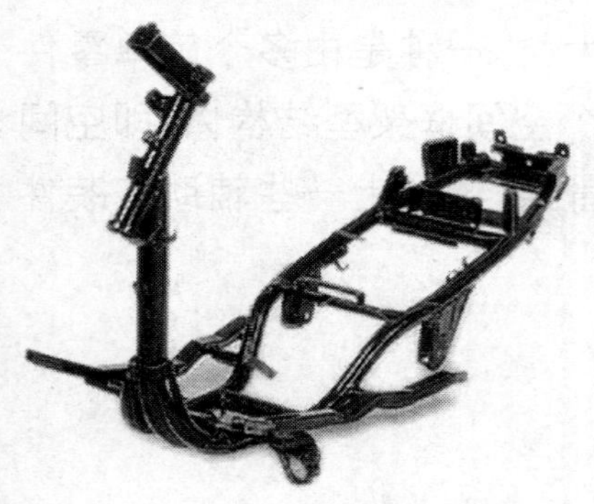
图 5-3 主梁摇臂型车架

车架的结构形状像 U 字形,一般称为 U 形车架,也称低跨式车架。一般前半部用管材,后半部采用钢板冲压焊接而成。在这种车架上,卧式发动机、后悬架和驱动装置组成一刚性整体,仅靠曲轴箱上的铰接支点与车架铰接形成一组合摇臂。发动机悬置量大,不能承受强烈振动,仅用于小排量摩托车。

坐式摩托车用车架一般采用后置卧式发动机,后轮采用小轮。由于车架被整体覆盖件所包围,发动机通风条件差,需要强制风冷。这种车架无下梁管,结构简单,质量轻,而且适用于专业化大量生产。在多数情况下,车体是由钢板压制成形的。这种车架多用于发动机功率不大的摩托车。

第二节 减 振 器

减振器是车轮与车体之间的弹性连接传力部件,它是用来支撑车体的质量,缓和道路不平对车辆的振动和冲击,并迅速衰减振动,以提高乘骑的舒适性,延长车辆使用寿命及提高操纵性和稳定性。

一 前减振器

1. 前减振器结构

前减振器如图 5-4 所示。

2. 减振器的工作原理

利用液体流动的阻力来消耗振动的能量。当摩托车行驶中受到冲击力时,车架与车轮产生相对运动,装在减振筒内的液压油通过细长孔反复地从一个油腔流到另一个油腔。液压油流过细长孔时产生阻力,该阻力便起到减振的作用,从而使振动迅速衰减。摩托车受到的冲击力越大,车架与车轮相对运动的速度越快,减振筒内的液压油流动的速度越快,产生的阻力也越大,从而保证了摩托车在不良道路上行驶的舒适性。

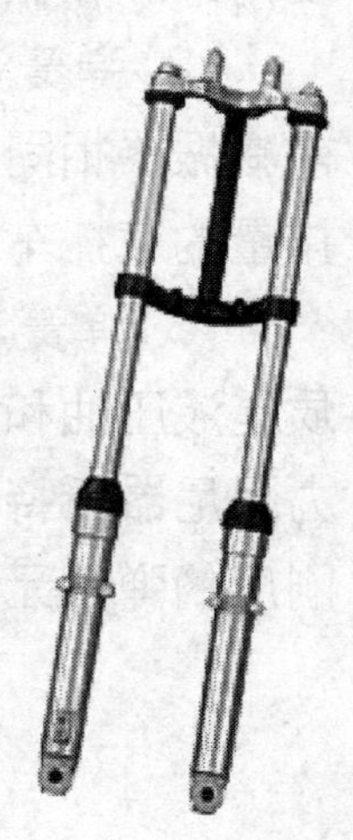

图 5-4 前减振器

3. 减振器的检修

(1) 减振器渗漏检查。伸缩管和伸缩杆接口处如有渗油,则说明减振器油封损坏,需要更换油封。

(2) 更换减振油。减振器换油时必须注意左、右两根减振器加入的油量需相等。

(3) 检查减振器中弹簧的自由长度,如长度比规定值短,就需更换弹簧。

(4) 检查伸缩杆是否损坏或变形,将伸缩杆放在两块 V 形铁上,然后转动伸缩杆,用百分表测量其圆跳动量。

二 后减振器

(1)弹簧—空气阻尼式减振器。弹簧—空气阻尼式减振器的减振性能比弹簧式减振器的减振性能有较大提高,但由于工作介质为气体,而气体黏度较小,减振性能仍不十分理想,普遍应用于轻便摩托车上。

弹簧—空气阻尼式减振器主要由弹簧和空气阻尼器组成。弹簧主要用来缓和振动的冲击和支撑车体,空气阻尼器则主要用于衰减振动。

(2)弹簧液力阻尼式后减振器好,此种减振器的结构与液力阻尼式前减振器相同,同样是以液压油作为工作介质,一般应用在70 ~250mL排量的摩托车上。

(3)弹簧油气阻尼式后减振器。弹簧油气阻尼式减振器的工作介质是液压油和氮气。它在结构上比液力阻尼式减振器简单,它取消了液力阻尼器所特有的起分流和补偿作用的底阀结构,代之以一个装有可变刚度的弹性元件氮的气囊。

第三节 车 轮

车轮是摩托车的行走部分,摩托车前轮为导向轮,后轮为驱动轮,发动机所产生的动力,驱动后轮以一定的速度向前行驶。

车轮的主要功用是:支撑车质量;与操纵部分配合,确保摩托车行驶方向;衰减路面不平而引起的振动;传递驱动转矩和制动转矩。

一 车轮的组成

车轮由轮胎、轮辋、轮辐和轮毂组成。

1. 轮胎

轮胎安装在轮辋上,直接与路面接触。摩托车轮胎都采用充气轮胎,按组成结构可分为有内胎轮胎和无内胎轮胎;按胎体帘线的排列方式不同可分为普通斜交轮胎和子午线轮胎，按轮胎的断面宽度不同可分为正常轮胎和宽轮式轮胎。

(1)轮胎的结构形式。

①普通轮胎。普通轮胎的结构特点是相邻帘布层的帘布交错排列，帘布层层数为偶数，常用3~8层，轮胎受力均匀。帘布层帘线与轮胎横断面所成的角度即胎冠角一般为50°~60°，胎冠角对轮胎的性能影响很大，胎冠角大，则轮胎的侧向刚度好，可增加车辆的行驶稳定性，但缓冲性能差，直线滚动阻力也较大。

②子午线轮胎。子午线轮胎的结构特点：帘布层帘线排列方向与轮胎的横断面一致，即胎冠角为0°，由于帘线的这种排列，可以使帘线的强度充分得到利用，子午线轮胎的帘布层数可比普通轮胎减少40%~50%，但强度却和普通轮胎相同。

子午线轮胎与普通轮胎相比，其弹性大，耐磨性好，寿命长，滚动阻力小，附着性能好，缓冲性能好，还不易被刺穿。但胎侧容易产生裂口，工艺复杂，成本较高。

③无内胎轮胎。压缩空气直接注入外胎与轮辋之间的空腔中，在外胎的内表面贴上一层未经硫化的橡胶自贴层，当轮胎被刺破时，自贴层能自动黏合被刺穿的孔。

无内胎轮胎的优点是：能自动密封被刺穿的孔，气密性能好，散热性能好，橡胶不易老化，寿命长，结构简单。

(2)轮胎的规格。外胎的外径 D、轮辋的直径 d、断面宽度 B、横断面高度 H，它们均采用英制单位。轮辋直径 d 在13in(英寸)以下的称为小轮径轮胎，在13in及以上的称为普通轮胎，而断面宽度大于5.00in的轮胎称为宽轮式轮胎。

2. 轮辋

轮辋是固定轮胎的骨架，它能使轮胎保持合适的断面形状。轮辋与轮胎共同承受作用在车轮上的负荷，并可散发摩托车在高速行驶中轮胎产生的热量。

轮辋的结构形式。根据轮辋的结构特点,轮辋可分为:辐条式轮辋、压铸整体式轮辋和组合式轮辋。

(1)辐条式轮辋。它采用冷轧钢带滚压卷制而成,轮辋的环形凹槽中,槽底与外胎配合处为圆柱形,平胎圈座为平直式。

(2)压铸整体式轮辋。这种轮辋是采用铝合金通过压铸工艺,将轮辋、轮辐和轮毂铸成一体,再经过机加工而成。

(3)组合式轮辋。轮辋由铝合金铸造,轮辐和轮毂制成单独的零件然后经连接组合而成。

3. 轮辐

辐条式轮辋和轮毂的连接件为辐条,它可调整轮辋的圆度,在工作中承受拉伸力,以保持轮辋的正确形状。

常用辐条必须具备足够的强度,保证有良好的互换性,表面一般镀铬或镀锌以增加美观并增强其耐腐蚀能力。

4. 轮毂

常用轮毂是采用质量轻、强度高的铝合金压铸成形,将制动钢圈与轮毂镶嵌压铸成一体,两端都设计有凸缘,用以连接辐条与辐板。轮毂中心孔内装配有滚动轴承,以支撑轮毂。

二 车轮的维护与检修

1. 车轮的维护

(1)检查轮胎气压,保持其在正常气压范围内。

(2)清除外胎花纹中的异物,保持轮胎与地面的附着力,并避免锐利异物损伤内、外胎。

(3)定期检查外胎磨损情况,如超过磨损极限则予以更换。

(4)检查辐条是否有松动、折断,松动的辐条应拧紧,折断的辐条应及时更换。

(5)检查车轮的径向圆跳动及端面圆跳动,如超过标准则及时调整。

2. 车轮的检修

(1)轮辋的检修。车轮受外力冲击会使轮辋产生变形。如变形量不大,可以调整辐条来消除变形;如变形量较大,则需将轮辋拆下校正。径向变形可用校正,而扭曲变形需将轮辋放在平板上用木锤敲击变形部位。校正时要边操作、边测量反复多次,直到合格为止。如轮辋变形量太大或表面出现裂纹,则不可再用,应更换新件。

(2)辐条的调整。当更换辐条、修理轮辋、轮毂后,需将辐条进行调整。以保证径向圆跳动量及端面圆跳动量并保证车轮有足够的强度。将百分表测量头压在轮辋内圈上,缓慢转动车轮,百分表读数大处半径小,读数小处半径大,最大读数与最小读数两者之差为最大圆跳动量,而两者之平均值为准理想值。将读数大于平均值处的辐条放松,读数小于平均值处的辐条拧紧;与平均值差别大处的辐条调整量要大一点,与平均值差别小处的辐条调整量也要小。边调整、边检查,反复多次直至合格。

3. 轮胎的修补和装复

(1)轮胎气压的检查。可先在气门嘴上涂肥皂水,以检查气门嘴及气门芯的气密性。

(2)修补内胎前应先将内胎拆下,先拆下气门芯,将轮胎内气体放掉,并拆下气门嘴固定螺母,用轮胎拆装机拆下内胎。

(3)修补内胎方法:

①将内胎漏气部位锉毛,并清理干净。

②将火补胶片上的薄膜揭去,对准内胎锉好部位粘贴。

③检查修补表面,若有稍许凸起而富有弹性,且无翘边,则合格可用。

④将漏气处补好后再次试漏,确定再无漏气之处后,则可装复。

(4)轮胎的装复。

①在内胎外面及外胎内面涂上滑石粉。

②将衬带装在轮辋上,然后将外胎的一侧装入轮辋。

③把内胎的气门嘴部分先放入外胎内，将气门嘴穿过轮辋上对应的安装孔，拧上固定螺母，再把内胎逐段塞入外胎。装复气门芯，充入少量的空气，检查内胎不要被外胎夹住。

④拧紧气门嘴固定螺母，给内胎充气至规定气压，拧上气门嘴盖。

第六章 电气仪表系统

摩托车电气系统包括电源系统、点火系统、电起动系统、照明系统与信号系统。仪表装置包括车速里程表、发动机转速表、燃油表、电流表等。

摩托车电气系统电路通常有如下特点：

(1)并联连接。用电设备与电源并联。

(2)单线制。用电设备与电源设备采用单线制，即并联连接的一端利用导线连接，而另一端则借助于摩托车基体金属连接。

(3)对应连接。低压电路中的连接导线均采用规定颜色的单色线或双色线。对应连接部件的接线柱上都用文字或字母标记。但直接连接的电路中，通常采用相同颜色的导线，而在间接连接的电路中则采用不同颜色的导线。

(4)接插连接。在电路的连接中广泛采用插接头，可以方便地断开或恢复电路的连接。

第一节 电源系统

电源系统的作用是在发电机发电充足时，除了向用电设备供电外，还向蓄电池充电，把一部分电能储存在蓄电池内，保证在发电机供电不足的情况下向用电设备供电。

电源部分包括蓄电池、发电机及充电系统。

一 蓄电池

蓄电池作用是：起动发动机时，向点火系统及起动系统供电；车辆运行时,将发电机多余的电能储存起来;发电机有故障时,暂作电源用;发电机输出电压波动时,调节发电机与负载的不平衡,以防止电路电压过高或不足。

1. 免维护蓄电池与干荷式蓄电池

普通铅酸蓄电池制造工艺比较简单、造价低,基本上可满足摩托车的使用。但它有自行放电、需要补充电解液、使用寿命不长等缺点。随着科技水平的不断提高,干荷式和免维护蓄电池在摩托车上也开始大量使用。

(1)干荷式蓄电池。这类蓄电池的最大特点是其极板在干燥的条件下也有蓄电作用。其极板也用铅材料制成,但是正极板经过特殊处理,使极板在带电荷条件下干燥成形。使用时,只要一次性加注电解液,原先储存在极板上的电荷就活动起来,使蓄电池容量在15min 内就达到85%以上。在使用过程中,如蓄电池出厂后闲置2 年以上时,在加注电解液后,须进行初次充电。这种蓄电池使用寿命比较长,一般可反复使用3 年以上。

(2)免维护蓄电池。这类蓄电池的最大优点是在使用过程中不必补充电解液,自行放电量极小,一般闲置半年也不需充电。其极板由铅材料制成,不同的是将蓄电池内部隔板等材料中的锑含量减少到最低程度。而普通铅酸蓄电池由于制造工艺上的需要,隔板上含有少量的锑,在蓄电池不断的充、放电过程中,锑在参加了化学反应后被吸附在极板上,引起蓄电池容量约以每天1%的速度自行放电。免维护蓄电池在基本上消除了锑后,加入了其他不会引起自行放电的金属元素,使自行放电量达到最低程度。为防止电解液的挥发,采用了全密封结构,因而在使用中不必添加电解液。蓄电池使用寿命可达4 年以上。

2. 蓄电池容量

让完全充电的蓄电池以一定的电流连续放电,直到端电压降到规定的放电终止电压为止所能取出的全部电量称为蓄电池容量。通常用10h 的放电量表示。蓄电池的放电终止电压是指蓄电池不能再继续放电时的极限电压。蓄电池单格的终止电压为 1.75V。

3. 蓄电池的维护

蓄电池的故障和早期损坏大多是由于使用维护不当造成的。为使蓄电池长期保持良好的工作状态,适当维护特别重要。

(1)补充充电。当蓄电池在使用过程中,过度放电,形成电力不足,有如下现象时,应进行补充充电:

①冬季放电超过 25%,夏季放电超过 50%。

②测量单格端电压在 1.75V 以下。

③灯光比正常使用时暗得多,且喇叭声音很小。

④发动机电起动困难。

(2)蓄电池的检查。

①出车前的检查。1~2 月内检查液面高度和电解液密度一次,补充蒸馏水至规定液面。

②使用过程中,每周检查一次,并将电解液密度调整好,标准值为 $1.28g/cm^3$。

③在停存放期间,当发现已放电至终止电压时,应及时充电,然后再存放。停存期超过两周者,应拆下连接导线,以免因意外因素造成短路。

④充电时多用普通充电法,即以 10h 放电率或更小的充电电流进行充电,少用快速充电法。

二 发电机

发电机有直流发电机和交流发电机两种,交流发电机又有直流励磁式交流发电机和永久磁铁式交流发电机两种,后者又称为磁电机。

1. 直流发电机

直流发电机工作可靠,使用寿命长易于调整电压,且发动机转速在较大范围内变化时电压的波动量也较小,短时间内出现短路时,也不会损坏零件。但直流发电机具有结构复杂、质量重、体积较大、维修繁琐等缺点,因此目前中、小排量摩托车都已不采用直流发电机。这里只简单介绍其组成。

直流发电机主要由定子、转子(电枢)、换向器和电刷等零部件构成,如图6-1所示。

2. 磁电机的结构和工作原理

(1)磁电机的结构和分类。磁电机(图6-2)大多采用旋转磁铁式结构,按总体设计可分为单体式和飞轮式。单体式是将上述各部件做成一个整体,安装在发动机上;飞轮式是将磁铁安装在发动机飞轮上,其他各部件分别安装在发动机上,大多用于单缸机。磁电机断电器大多采用机械触点式的,也可用晶体管式的。

图6-1 直流发电机

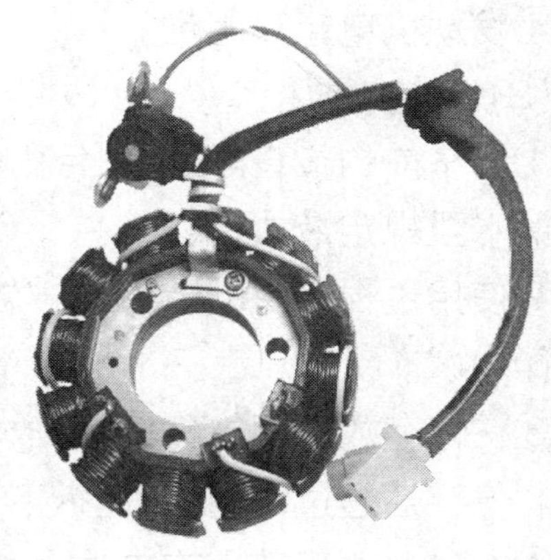

图6-2 磁电机

(2)磁电机点火系统由开关、点火线圈、断电器、电容器、分电器和安全放电装置等组成,它产生高压电并分配给各汽缸的火花塞。

①起动加速器:装在单体式磁电机上,起动时使磁电机在曲轴上止点附近时的角速度加大,以提高电压,保证发火。

②离心式点火提前角调节装置:装在单体式磁电机上,可随转速升高而加大点火提前角。

③有些磁电机附有单独线圈,作为照明供电之用。

(3)磁电机基本工作原理。磁电机的工作原理:永久磁铁在铁芯中旋转,铁芯上的初级线圈感应出电动势(称为初级电势),断电器触点闭合时产生电流(称为初级电流),当断电器触点突然打开、突然切断初级电流时,次级线圈感应出相当高的电动势(称为次级电势),使火花塞跳火。为了得到最强的火花塞跳火,应该得到最大的次级电势;为了得到最大的次级电势,断电器触点应在初级电势为零时闭合,初级电势最大时打开。

(4)使用磁电机的注意事项。

①当发动机以高速工作时,不应利用点火开关或按钮使发动机熄火,因为此时初级线圈短路,而磁电机不能马上停止转动,初级线圈中的电流产生的磁通会使磁轴退磁。为保护磁电机,应利用节气门先降低发动机转速,关闭油箱开关使发动机自动熄火,或当转速已降低后,再利用点火开关(或按钮)熄火。

②使用中应经常清除磁电机外部灰尘、油污和水等,并检查磁电机在发动机上的固定情况。

③定期清洁断电器触点,必要时调整间隙,并定期向凸轮旁毛毡上注以适当的润滑油。

④检查磁电机和火花塞导线的固定情况,不允许导线靠近发动机过热部分,不允许用汽油或柴油等擦洗导线的绝缘部分。

⑤在磁电机经过任何调整和部分拆卸后,要检查点火时间是否正确。

⑥不允许经常拆卸磁电机的零件。在拆卸时对磁轴要特别小心,不准撞击和加热。将磁轴拆下后,为防止磁极退磁,要用短的铁块使磁极形成回路。

⑦在装回磁电机时,要注意磁轴、断电器、凸轮轴三者的关系。磁轴沿着旋转方向转过中立位置80°~100°。(即位角,这个位置相当于磁铁的磁极离开蹄铁2~3mm,如果不正确,虽然磁电机所有线圈和零件都正常,磁电机也可能完全不给出火花),此时凸轮应使断电触点刚刚打开。如果不是这样,可将触点底板固定螺钉松开进行调整。

三　电起动系统构造与工作原理

电起动装置是利用车辆本身配备的蓄电池的电能,使起动电动机产生转矩,传递到曲轴,使之转动而起动发动机的。为使起动电动机产生足够大的转矩,目前带电起动装置的摩托车一般采用12V大容量的蓄电池,而且在电动机轴与曲轴之间设有减速机构,产生较大的转矩使曲轴克服阻力转动。

1. 电起动装置结构

电起动装置如图6-3所示。

2. 电起动工作原理

按下摩托车手把上的起动按钮,蓄电池的电流使起动电动机的齿轮轴旋转,然后经中间传动齿轮和安装在曲轴上的单向超越离合器驱动曲轴旋转,使发动机起动。起动后随着发动机转速的升高,单向超越离合器自动切断旋转的曲轴与起动电动机之间的动力传递。

图6-3 电起动装置

3. 单向超越离合器的工作原理

当起动电动机转动时,通过中间齿轮带动单向超越离合器齿轮逆时针转动,此时滚柱在弹簧的弹力及楔紧摩擦力的作用下卡紧在星轮与离合器齿轮之间,从而驱动星轮旋转,星轮再通过键连接带动曲轴转动。发动机起动后,起动电动机停止转动,则超越离合器齿轮也停止转动。虽然星轮在曲轴的带动下继续转动,但此时滚柱已从楔缝中回松,断开了星轮与离合器齿轮之间的联系,因此星轮不能驱动离合器齿轮旋转,所以也就断开了曲轴与起动电动机之间的传动联系。

第二节 点火系统

摩托车点火系统的作用是将汽缸内的燃油和空气的混合气点燃。

一 磁电机点火系统

磁电机点火系统的结构及工作原理。磁电机点火系统主要由磁电机点火电源线圈、断电器、电容器、点火开关、点火线圈及火花塞组成。点火电源线圈、断电器、电容器固定在磁电机的定子底盘上，采用并联连接，点火开关也与之相并联。当点火开关闭合时，点火电源线圈提供的点火电流被短路，点火系统停止工作；当点火开关断开时，点火系统恢复工作状态。当内装永久磁铁的飞轮随曲轴旋转时，点火电源线圈中就产生一个低压交变电动势。凸轮也随发动机曲轴旋转控制断电器触点的闭合与断开。当触点闭合时，点火电源线圈产生的感应电流通过触点构成回路，此时，一次绕组中没有电流通过。到了点火时期，当点火电源线圈的感应电流达到最大值时，凸轮及时将触点打开，迫使点火电源线圈的感应电流向外输出，通过一次绕组构成回路。由于一次绕组中突然有电流通过，二次绕组便感应出高压电，通过高压导线送至火花塞跳火，点燃汽缸内的可燃混合气，使发动机运转做功。

二 CDI 电子点火系统

CDI 点火系统(图 6-4)与有触点点火系统相比较，其优点是：结构简单，工作可靠。它电压稳定，不受发动机转速影响能准时点火，通过点

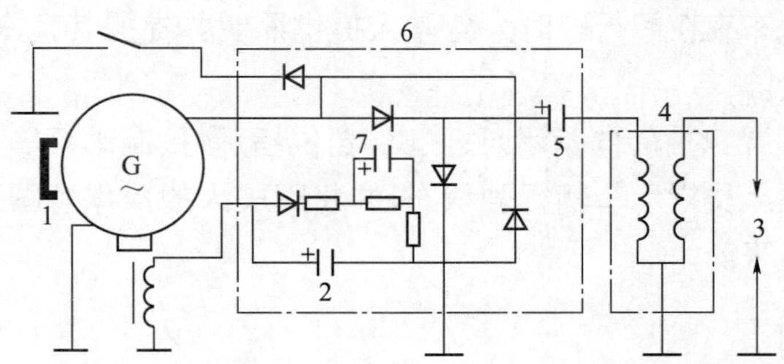

图 6-4　摩托车点火系统电路图

1-磁电机；2、5、7-电容器；3-火花塞；4-点火线圈；6-电子点火器

火控制的电路获得模拟的点火提前角,随磁电机转速的提高而获得相应的点火提前角,确保发动机发挥出最佳功率。

其主要的零部件有火花塞、点火线圈、CDI 点火器、点火开关、磁电机等。

1. 高压线圈的维护

在雨天或潮湿气候中使用摩托车时,应经常保持高压线圈的清洁干燥,尽量避免使其受潮,以保持较高的绝缘性。要经常检查高压线圈各接线端以及高压线与火花塞帽之间连接是否松动。

2. 火花塞的维护

保持火花塞外表的清洁、干燥,防止被油、水粘湿引起漏电。摩托车每行驶 1000km,火花塞应用清洁工具进行清除结炭工作,也可用汽油进行清洗,但不能用火烧烤。火花塞在使用过程中,电极会逐渐被烧蚀而损耗,使电极间隙变大,因此在维护时,应经常检查火花塞间隙。火花塞的间隙应视发动机汽缸工作容积的大小而定,一般间隙在 0.5 ~0.8mm 之间。

第三节　照明信号系统

照明装置包括前照灯、位置灯、尾灯(牌照灯)、仪表照明灯等,主要作用是摩托车在夜间行驶时为驾驶人提供照明并提醒其他车辆注意保障行车安全。

信号装置包括转向指示灯、喇叭、挡位指示灯、制动灯等,用来向驾驶人及相关人员指示车辆行驶状态,并将驾驶人的操作意图通过声、光信号表达出来。

一 前照灯

前照灯主要包括聚光镜、玻璃罩、灯泡、灯座、灯口外罩及壳体,如图 6-5 所示。

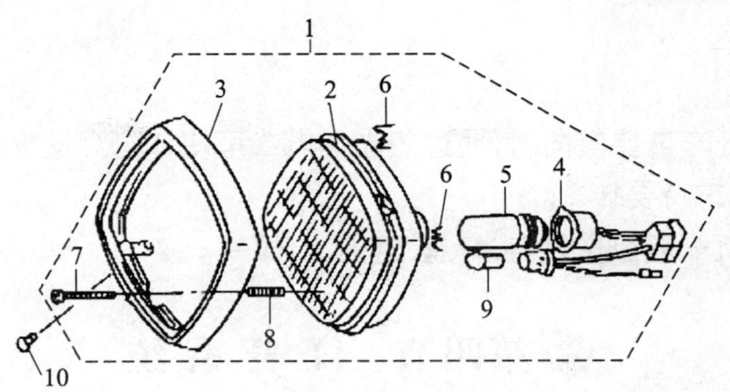

图6-5　前照灯结构

1-前照灯总成;2-聚光镜与玻璃罩;3-前照灯外罩;4-灯座;5-前罩灯灯泡;6-弹簧;7、10-螺钉;8-弹簧;9-位置灯泡

前照灯的日常维护应注意以下几点:

(1)应经常擦拭玻璃罩外表面,防止积尘,保持前照灯的清洁。

(2)随时观察灯光明暗的变化,特别是已使用很久的灯泡,一旦发现灯光变暗、灯丝变细时应及时更换。更换时注意灯泡的额定电压及功率应符合摩托车的具体要求。

(3)更换灯泡时,不要用手直接接触灯泡,否则会留下指印,造成灯泡提前烧坏。

二 尾灯与制动灯

尾灯用来在夜间行驶时向后方显示车辆的位置并使牌照的号码能清晰可见。

后尾灯主要由灯罩、灯壳、灯座、灯泡几部分组成。灯罩由红色有机玻璃制成,下部嵌有透明有机玻璃窗口,以便灯光能透过将牌照照亮。灯罩内部有棱形花纹,当光线照射时,可折射出各种图案。光线透过灯罩产生的红光穿透能力较强,在夜间能传至很远,即使是雾天也能发挥作用。

制动灯是车辆在制动时用来提醒后方人员该车减速。它与尾灯一样对保障行驶安全起着重要作用。

三 转向灯

当摩托车需要转向时,通过闪光继电器可使转向灯发出黄色闪烁信号,告之该车将要转弯。

转向灯一般包括灯壳、灯座、灯泡、灯罩等。

第四节 仪表系统

仪表系统主要由速度里程表、转速表、燃油量表、机油量表、水温表等仪表与其相应的传动装置、传感器和报警装置构成。

一 速度里程表

速度里程表是速度表和里程表的复合表,其作用是显示摩托车的运行速度和行驶里程。

速度里程表采用机械传动磁铁式速度里程表,它主要由软轴、驱动齿轮(蜗轮副)、速度表和计数器等装置构成。

二 转速表

摩托车上显示发动机转速的转速表通常有机械传动磁铁式转速表、电传动动圈式转速表和电子转速表三种。其中采用较多的机械传动磁铁式转速表。

三 冷却液温度表

冷却液温度表的用途是测量水冷摩托车发动机汽缸水套内的冷却液温度。

它主要由冷却液温度表及冷却液温度传感器两部分构成。冷却液温度表为电热脉冲式,表头内主要零件为复合金属片、复合金属片电热线圈、冷却液温度表指针及调整齿轮等。传感器则由传感器复合金属片及触点、绕有线圈的复合金属片及固定触点、接触片等组成。

当发动机内冷却液的工作温度起变化时，冷却液的温度通过传感器内复合金属片及复合金属片上线圈电流的变化，经与冷却液温度表相连的接线柱传递，促使冷却液温度表内复合金属片上电热线圈内电流相应变化。当温度上升时，复合金属片伸直，则指针指在刻度盘的高温处。当温度下降，复合金属片弯曲，使指针偏斜到最小刻度，则为低温。

四 燃油量表

燃油量表的作用是显示摩托车燃油箱内的燃油储存量的多少，通常采用电磁式燃油量表。

燃油量表由安装在燃油箱内的传感器和车辆仪表板上的燃油表构成，传感器由浮子臂、浮子和可变电阻器组成，浮子浮在燃油箱内的油面上，随油面的高低而上下浮动，从而使可变电阻器部分或全部接入电路，通过线圈的电流发生增减变化，其产生的磁场相应发生变化，从而使燃油量表的指针不断向左或向右摆动，显示出燃油箱内的燃油储存量。燃油量表的工作原理如图6-6所示。

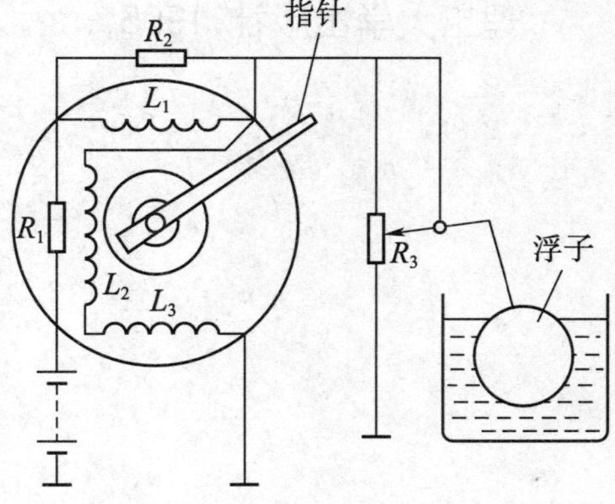

图6-6　燃油表工作原理

参 考 文 献

[1] 姚彦兵. 摩托车的结构保养与检修[M]. 北京:人民邮电出版社,1990.

[2] 陈雄国. 摩托车调试维修工:中级[M]. 北京:中国劳动社会保障出版社，2004.

[3] 于曰桂. 新编国产摩托车使用与维修[M]. 北京:金盾出版社,2002.

[4] 田文江,道克森. 摩托车使用保养与典型故障排除[M]. 北京:北京理工大学出版社,1995.